築地——鮭屋の小僧が見たこと聞いたこと

しゃけごさんの市場日記

佐藤友美子

いそっぷ社

築地場外

波除通りにある縦割り長屋的な店舗ビル。建てられた当初は、最先端だった。

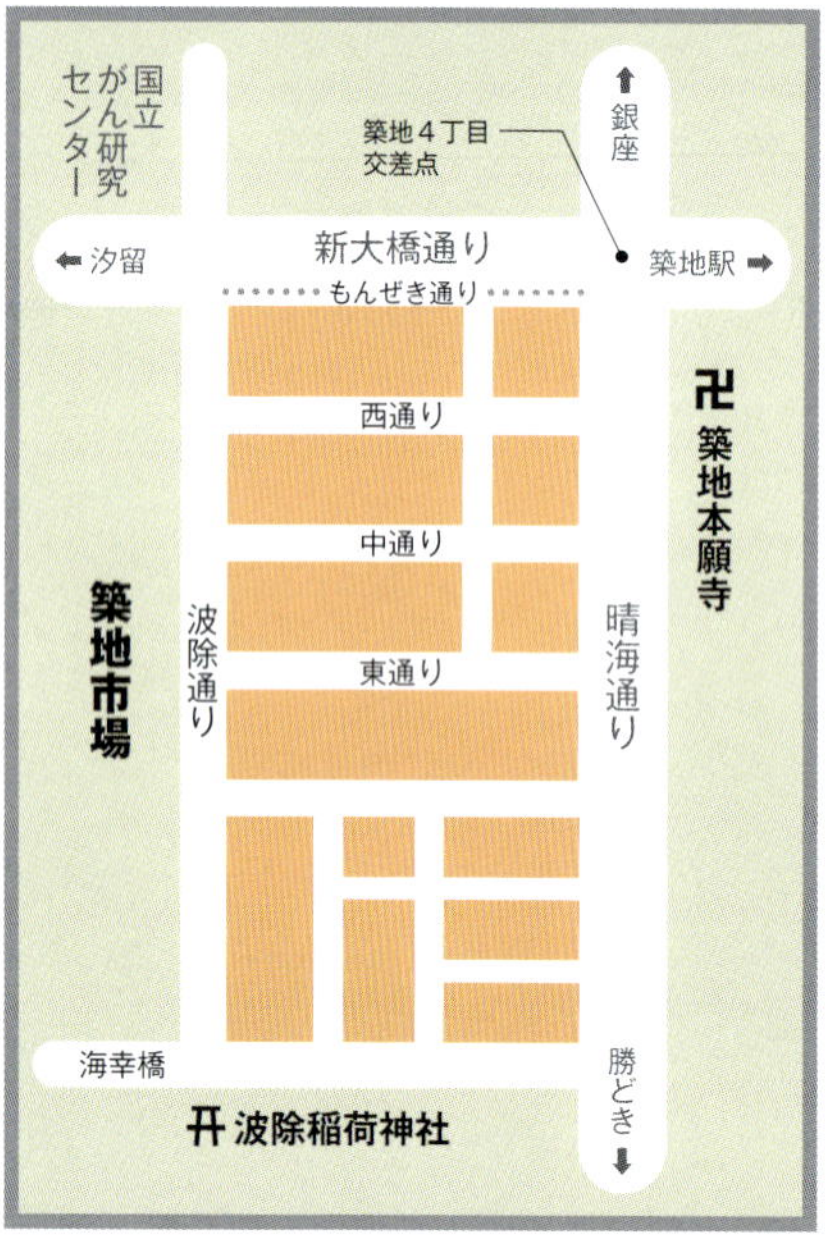

築地４丁目交差点付近。銀座から晴海通りを直進すると、ここでがらりと風景が変わる。

中通りで存在感を放つ旗と暖簾。丁寧に染めぬいた旗は、褪せるほどに風格を増す。

看板建築の前を、台車で荷を運ぶ人が行く。

もんぜき通りにて。白衣に白帽が板についている。

頭にタオル、紺のビニールエプロン、長靴が築地コーデの定番。

波除通りの一角にも昔ながらの雰囲気が残る。

配達用自転車に発泡を積む、築地配達スタイル。

築地の氏神、波除神社の前を走るターレ。

ターレが行きかう朝の風景は、市場ならでは。

市場への入り口、海幸橋前はターレと車の交差地点。

銅版建築の店舗も、今は数えるほど。手前の床屋さんも風情たっぷりだ。

いつの間にか、風景に溶け込んだ中通りのマグロの造形物。

レンガ風の洋風装飾がほどこされた、関東大震災後の商店建築。

金子海苔店が入る建物は、白亜の壁が印象的な看板建築。

中通りを俯瞰してみると、路上から見る風景とは異なり、テントが際立っている。

築地横丁は、重なり合うテントがアーケードとなる。

丼屋さんが多いもんぜき通りの路地。

店舗屋内の中通路を西通りから中通りへ抜ける。

中富ビルの中通路。今は閉店した喫茶マコの看板が昭和の風情。

築地は生鮮と並び乾物が豊富。

本文にも登場する東源正久の包丁。

指先で包丁を固定して静かに刃を滑らせる。

市場に通う仕入れ人の必須アイテム、竹籠。

年季の入った木製のバンジュウ。

消火器と街区表示板。見慣れた光景だが、年季とともに絵になる。

鮭箱と自転車、店じまいにも個性が光る。

鳥藤の職人の見事な手さばきに、つい足が止まる。

小見山商店は大正14年築。代々、大切に店舗をまもっている。

吹田商店は昆布の老舗。板張りの床下には、おが屑が敷きつめられていて、昆布に最適なコンディションを保つ。

●目次

第3章 築地市場・四季の魚たち

第4章　鮭は人と人をつなぐ

第6章　築地市場の語り部たち

第1章

築地の鮭屋に出かけて

二十四時間眠らないまち

昭和六十三年十二月二十六日。二十代の私は築地場外市場の暮れの雑踏のど真ん中、鮭屋の親父に向かって、

「ひと……人なんか、いりませんか？」

と、勇気を出して大声で話しかけた。

鮭屋はびっくりしたらしく、目を剝いた。だが、ものすごく忙しいさなかだったので考える隙がなかったとみえ、

「明日からでも来い！」

と即答した。

その瞬間だ。私の人生は、まさかの築地へと急カーブを切った。

さかのぼること小一時間前、私はこの鮭屋で鮭を買った。特に思い入れのある魚ではない。おにぎりの！という認識だ。ただし、小さな店からはみ出て道路にうずたかく積まれた木箱。その木箱からはみ出んばかりに山積みされた鮭は美しかった。

銀色のウロコがピカピカに輝き、尖った鼻先から尾までがまっすぐな魚体、黒々とした尾か

ら白い腹にかけてのグラデーションが真っ赤な身色を際立たせ、切り身は日本画から抜け出たような美しさだ。

塩鮭（そう、この店は塩鮭屋だった）だが、目は澄んでいる。真っ白な粗塩《あらじお》をまとった鮭はまるで生きているかのように見えた。一体この店には毎日、どれくらいの鮭が積まれていくのだろう。こんな光景は今まで見たことがなかった。

築地に誘ってくれたのは近所の在宅タイピストさんで、当時コピーライターだった私は度々急ぎのタイプ打ちを頼みに行っていた。パソコンが市販される以前、原稿を打つのはタイピストと呼ばれる、主に女性の専門職で、高度成長期の花形だった。

彼女は若い頃に磨いたスキルで、子育てしながら家でタイプを打っていた。頼んだ原稿が打ち上がるまで私はこたつでミカンを食べて待ち、仕上がると急須でドボドボと淹《い》れてもらったお茶で一服し、

「楽しみは、年末築地に行って魚を買うこと」

という何だか心惹かれる話を「今度、連れて行ってよ」と相槌《あいづち》を打ちながら聞いていた。

当時、昭和六十年代の築地は、自他共に認める世界一の魚市場。

東西南北の幹線道路を夜を徹して走り続けたトラックが着いては荷をおろす、まるでデコトラの見本市会場のよう。荷台がアルミ製で「ハコ」と呼ばれるウイング車が、翼を広げるよう

に荷台を全開し、何百という発泡スチロールをフォークリフトで積み下ろしている様は圧巻だった。

加えて各種のライトバン、バイク、ターレ、フォークリフト……あらゆる運搬車が縦横無尽に走り、車輌《しゃりょう》を器用にかわして人力の荷車、自転車、人が泳ぐように交差する。

売り場では何千人もの職人が毎朝、魚を捌《さば》いていく。専業化された市場は、魚別・加工別に店が細分化され、それぞれの持ち場で人々が技を競い、己の能力を高めあった。

日本中、景気がよく、市場も潤っていた。素人を寄せつけない圧倒的な取引高が築地の真骨頂。日本全国津々浦々さらに世界の漁港からも魚が集まり、目利きが正当に評価する。築地の存在意義は、相場の形成と安定供給。市場で働く皆が胸を張ってそう答えた。

早朝のセリに間に合わせるため、トラックから降ろした荷は、夜を徹して分荷される。各店には夜半から入り続ける注文を、終電で出勤する帳場が仕分けて、夜中に出勤する番頭に手渡し、社長ともどもセリに向かう。

活きのいい魚が売り場に運ばれる頃、始発で買出人がやってくる。午前中は大小何千もの荷が飛びかう戦場だ。ようやく一息つくのがお昼過ぎ。午後のほんのひと時、人も少なく眠ったように静まり、東京湾に面した岸壁にカモメが闊歩《かっぽ》する。その頃にはすでに、翌日のセリに掛けられる荷を満載したトラックが、定刻通り疾走して来る。

それ故に築地は「二十四時間眠らないまち」と呼ばれた。
そんな毎日が、永遠に続くと誰もが信じていたのだろうか。

築地が最も忙しくなる時

一年の締めくくりの十二月。クリスマスの翌二十六日からみそかまでの五日間、通常は素人を寄せつけない築地が、一般家庭の人々を迎える。地元の鳶《とび》が半纏《はんてん》に地下足袋で、手際よく場外市場に紅白幕を張り巡らせると、いよいよ年末商戦のスタートだ。

おせちや帰郷の手土産のための食材は、通常のプロ相手より少単位で店に並ぶ。たとえばいつもはキロ単位のマグロの塊《かたまり》はきれいに柵取りされ、箱で出荷する海老やカニ等の魚介類も個数単位で買えるように箱を開けて陳列。青果店には蕪《かぶ》・八頭《やつがしら》・京人参・柚子《ゆず》・百合根・慈姑《くわい》などの冬野菜がひと山ごとに小分けされる。

出汁《だし》昆布、鰹節《かつおぶし》、海苔、お茶、玉子焼き、漬物といった場外の主要アイテムが、彩りも美しく、段飾りの雛《ひな》人形の如く店頭を飾る。すでに業務用の正月商材の出荷は十一月初旬から続き、店々は親戚や定年した人々も呼び寄せ、一族郎党を総動員、冬休みになると一稼ぎしたい学生バイトも加わり、就労人口は三倍にも五倍にもなる。

築地が、荷物と車と人でパンパンに膨れ上がるのだ。

そんな十二月二十六日の朝、私たちの築地行は実現し、鮭屋を訪れたのだった。年内の仕事を終え、のんびりした気持ちだった。

一方、鮭屋は次々と鮭を買いに訪れる客にてんてこまいしていた。鮭を包んで手渡しされるのを待つ客たちで、二重にも三重にも人が取り巻いていた。

その人の渦のなかに自分も立っていて、背後から押し寄せる人並みに押されて踏ん張った。番頭が、次々に手を上げる客に鮭を選んでいく。小僧が受け取り、木箱に仕分けする。

木箱を積んであるだけの急ごしらえの台の上で、梱包係のおじさんが広げた新聞紙に鮭を器用にくるむ。奥では女性が帳場を預かっていて、神業ともいえるスピードで何本もの鮭の品代と、地方発送の行き先を聞き取り、「はいよ」と領収書がわりの書付《かきつけ》が渡される。

手が届かないため、何人もの客の手を経て、領収書や支払う札やおつりの小銭が行ったり来たりするのを、面白く眺めていた。

店主の親父は、中央のまな板で鮭を切る。目にも留まらぬ速さで包丁が魚の中骨に沿ってすべると、あっという間に頭から尾まで真っ二つにおろされる。真っ赤な身はまるで図鑑の魚の写真みたいで、切り身に刻むザクッザクッという音が快い。

ハチマキ姿でタバコをくわえて切り身を切り続け、そのタバコをひとときも口から離すことはない。店の最奥の高い棚の上で、真っ白な猫が守り神のようにその情景を見下ろしていた。

「悪口は聞こえるように言うもんだ」

翌朝から、その店が私の職場となった。

「いらっしゃいませ！　いらっしゃいませ！　いらっしゃいませ！」

私には他にできる仕事がなかったから、一日中叫び続けた。すべての工程はベテランが手際よく進めていった。

「通るよっ！　どいた、どいたっ！」

人並みを分けて、ガタイのいい男が次から次へと二〇キロを超える鮭の木箱を運び込んでくる。ドスン！　と道路に箱を置き、みるみる間に何箱も積み上げる。手鉤《てかぎ》と呼ばれる握り棒の先端に鉤が付いた凶器みたいな道具で、釘打ちされている木蓋《きぶた》が開けられると、鮭が綺麗に並んでいてその大きさに息を呑んだが、そんなことを周りの誰もなんとも思っていないみたいだった。

朝から夕方まであっという間に時が経ち、夕方、空腹で気が遠くなった。すると、帳場にいたオバサン二人が私の口に甘納豆を押し込んだ。

「さあ、大丈夫だ」

と、また店の前に押し出された。

「いらっしゃいませ！　鮭はいかがですか？」

そんなことを言わなくても、鮭は売れ続けた。

店はひとつの舞台で主役は親父。メンバーは全員でひとつの機械のよう。店が隙間なく連なる市場は何百台もの機械をフル回転させる大工場のようだ。

目が慣れてくると周囲が見えてくる。たくさんの店で同じようにたくさんの働き手が口八丁手八丁。笑ったり怒ったり、立ったままで食事をしたり、時には喧嘩してつかみ合ったり。

朝の何時から働いているのか……私が始発で店に着く時間にはすでに市場は稼働していて、人々は目まぐるしく働いている。どうやら鮭屋の親父は、夜は小さなトラックで猫を抱いて仮眠しているらしい。

その忙しいさなかに、親父がダミ声の大声で、鮭を切りながら築地を語る、語る。まるで落語家そこのけのひとり語りで、周りは聞き飽きている様子だったが、私には初めて聞く、鮭や築地市場の歴史だった。

壁一枚隔てた隣の乾物屋の親父とは仲が悪い様子で、悪口さえも脚色たっぷり。

「親父さん、聞こえるよ」

と進言したら、

「悪口は聞こえるように言うもんだ」

と、ドラを打つように答えが跳ね返ってきた。

なんだかよくわからない五日間が過ぎた。もう店には鮭一尾残っていなかった。大晦日に店の掃除をすると、掃き清められた店先が働き手たちの酒場になった。

つまみはなぜかマグロで、ひたすら呑む。一番年嵩《としかさ》のバイトのおじいさんが、側道の細い溝にはまって起き上がれなくなり、引っ張り上げた。店の皆が酔っ払って帰途につく頃、ウソのように人がいなくなった市場の静けさと暗闇に驚いた。

なぜ働きたいと思ったのか、今となっては思い出せない。

きっと鮭に呼ばれたのだと思う。

金子光晴の足跡をたどって

時間を少し巻き戻し、築地にたどり着く約十年前のこと。

二十一歳（一九八一年）の正月、私はマレーシア西岸の地方都市バトパハで、ある建物を探していた。その数日前、タイの雑踏で財布を盗まれるという旅にありがちな洗礼を受けて、気落ちしたままバンコク発シンガポール行きの国際列車に乗った。一人旅は心細かったが、座席を確保してリュックを網棚に載せ、椰子《やし》の葉でぐるぐる巻いた駅弁風の魚の炊き込み飯にかぶりついた。走り出した列車からどんより曇った空や、点在する高床式の平屋を飽きずに眺めていると、心は晴れていった。

通称マレー鉄道、タイからマレーシアへ南下し、終点はシンガポールという三国にまたがる長距離国際列車だ。昼夜、列車に乗りっぱなしで、国境では降車して木賃宿に泊まり、翌朝また一番電車に乗り込む。

乗り合わせた大人たちが旅の友となってくれた。大晦日には帰郷途中の一連隊と「Happy new year!」と乾杯して新年を祝い、バックパッカーのアメリカ人女性には、ベッドをシェアして泊まろうと提案され、安上がりに旅する方法を教えてもらった。車中で食べた唐辛子満載のカレーは舌が焼けつく辛さで、水をがぶ飲みした。三日ばかりの鉄道旅行を経て下車したのは、シンガポール手前のマレーシア・ジョホールバル。ここからバスに乗り換えて、バトパハに着いたのは四日後だった。

探していたのは、旧「日本人倶楽部《クラブ》」である。身振り手振りで地元の人たちに尋ねて、町外れの川沿いにその建物を見つけた時、思わず身震いした。

想像していたよりも大きな三階建て。一階ごとに外壁はブルー・クリーム色・ピンクだったか異なる色のペンキで彩られ、屋上角の鐘楼《しょうろう》のような造りが植民地風か、はたまたマレー風か中華風か、独特な雰囲気を醸し出している。一階には食料品店や雑貨店。中を覗《のぞ》いても反応はない。うだるような暑さの中、ちょっと振り向いた店員も私が買物客でないと知れば興味なさそうに頬杖《ほおづえ》をついた。

建物の内部にある階段を登ってみた。三階の踊り場は薄暗い。個室のドアに鍵がかけられていたが、隙間から中を覗くと、古い卓球台が置かれていて、廃校になった小学校の校内みたいだった。

「川は、森林の脚をくぐって流れる。……」

詩人金子光晴の『マレー蘭印紀行』の冒頭が口をついて出た。建物の横手には、その一節のとおり、椰子《やし》が生い茂り、下を澱《よど》んだ川が流れている。詩人は昭和三年から七年にかけて日本を出奔してマレーシア・シンガポール・インドネシアを放浪し、バトパハの日本人倶楽部に長期滞在した。大日本帝国が西欧列強に負けじと、東南アジアの植民地化を企てていた時代で、バトパハは元々小さな村だったが、日本人がゴム園を開墾し、ゴムの価格が暴落しはじめると、鉱山開発に着手し、山奥にまで電気を通し、人夫を大勢送り込んだ。詩人は当時の風景や出会った人々の様を旅の徒然に書き綴《つづ》った。

私はその紀行文に惹かれ、全文をノートに書き写し、詩人の放浪に憧れて足跡を追った。子どもと大人の境目に立ち、未来に漠然と不安を覚え、できるなら旅に出たまま、広い世界のどこかに紛れて消えてなくなりたいと願った。目的地に着いて感慨深かったが、何が変わったわけでもない。来た道をたどって家路につく自分がいた。

アマゾンのど真ん中で大喧嘩

帰国後、出版社で原稿取りのアルバイトを始め、給料を貯めては東南アジアを訪ね歩いた。マレーシア、インドネシア、ビルマ、ネパール、タイ……。写真を撮り、紀行文を書き溜《た》めた。公表するあてもなく、書く内容も詩人の模倣だった。

都内をバイクで走り回り、原稿を受け取り出版社に運ぶ日々の延長線上で、時々記事を書く仕事をもらった。最初の受け持ちは子ども雑誌の懸賞発表ページ。「おめでとう！　今月の当選者発表です」。この一行がライターとしての記念すべき第一歩だ。

次いで業界誌の記者の下で働き、毎日朝刊全紙の中からクライアントに必要な記事をピックアップして、同時並行で要約しながら短文にまとめた。「輸出超！　躍進する繊維各社！」こんな感じだ。さらにリクルート雑誌の編集者の下で働き、理科系の専門職から仕事内容を聞いてくるように命じられたが、まったく内容が理解できなかった。

「ＳＥをめざして、○○科学工業に就職しました」という相手に「ＳＥってなんですか？」と返したら、同行した編集者に「システムエンジニアだ、バカ」とひどく怒鳴られた。その後、コピーライターの下で働き、何十回も原稿の書き直しを命じられ、まともに文ひとつ書けないことを認めざるを得なかった。記事が書けるまで丸三年かかった。未来への漠然とした不安が消えた代わりに、明日、首になるかもしれない恐怖に駆られた。

その間、出版業界も刻々と変化していった。当初は上野の写植屋さんに通い、職人さんが一文字の狂いもなく写植を組んで、版下を仕上げる姿に舌を巻いた。数年経ち、ワープロとファックスが導入され、次いでパソコンが導入された。

エージェントからの依頼があれば、どこへでも出かけた。当時、日本の企業は意欲的に海外進出をもくろみ、私は現地法人の駐在員や工場を訪ねて話を聞き、レポートにまとめた。移動中の乗り物でも滞在先のホテルでも書いた。書きながら眠り、起きてはまた書いた。仕事が重複して間に合わず、徹夜したせいでクライアントの同乗する移動車で居眠りをして、同行カメラマンに叱られた。二十代の新人ライターにとり、文章を書くことは、食べることと寝ることと同列にあった。

振り子の振れ幅が次第に大きくなるように、行動範囲もアジアからヨーロッパ、アメリカへと広がり、その先に南米アマゾンが見えた。

飛行機を二日乗り継いで、アメリカ経由でブラジルへ、ペルーへ。太平洋側のリマから大西洋側のリオまで、南米横断ラリーに参加する日本人バイカーの同伴取材を試みた。バイカーたちはタフで、早朝から日没まで過酷なレースを繰り広げ、私は伴奏車に乗って日がなバウンドし続け、頭の中で「おサルの駕籠屋《かごや》」がリピートしていた。

また熱帯雨林の撮影に挑むカメラマンに同伴し、高地クスコからアマゾン奥地にセスナで急降下した。保護地区の入り口から、ボートで何日も川を遡《さかのぼ》った。

村落に着くと村の長に挨拶し、夕には川に浸かって水浴して、持参したテントで眠った。川沿いの村では、せき止めた支流に植物から抽出した痺《しび》れ薬を流して魚を捕る様を見た。魚はすぐに天日干しにして保存し、村中で分け合っていた。

移動中は川沿いに自生するパパイヤや芋を収穫するが、採集するごとに挿し木して絶やさぬようにしていた。弓矢で狩ったチータに驚き、芋虫の丸焼きに目を丸くし、ふるまわれた酒を飲んで酩酊《めいてい》した。その酒は女性が芋をクチャクチャと噛《か》んだものを吐き出して唾液を含ませて発酵して造った貴重な一杯で、お土産に持参した布のお礼だった。

私は幼く無邪気な取材者で、異文化に触れて素直に感動したが、同時に自身の知識の浅さと視点の曖昧さにうろたえていた。

見たものを正しく伝えることが使命と思い訪れた土地だったが、複雑な利権や因果関係故に現状の自然は脆弱で、保護なしには絶滅の危機を免れないことを知る。川を遡る途中、ペルー政府が融和を試みていた少数民族マチゲンガ族とすれ違ったが、疑い深い目で見られ、こちらの野心を見透かされたような気がした。私たちは欲望に忠実にどこへでも行き全力を尽くすが、そこに充足感を得るのは偽善のように思えた。焦点が絞れず筆が鈍った。

先人に学ぶことは多かった。南米行きに先立ち、冒険家の関野吉晴さんを訪ねたとき、「仲間割れしないように」と忠告していただいたが、わたしたちのチームはアマゾンのど真ん中で大喧嘩していた。内輪揉めにエネルギーの多くを費やした。関野さんは医師の免許を取得し、他者のテリトリーに立ち入ることと引き換えに医療技術を提供していた。人の役に立つためには何よりもまず言語を学ばねばならない。

行動力は若さの特権で、得るものも多い。だが三十歳を目前にして、自分の行動のツケはきっちり払わなければならないことを知った。自主企画を数年続け、貯めた金も使い果たした。築地を訪れたのは、その頃だ。

築地は男のオアシス

初めて鮭屋で働いた怒濤《どとう》の年末が過ぎ、思いがけず高い時給も嬉しかった。年が明けて日常に戻ると、築地での数日が夢のように思えた。

そもそも、鮭屋の親父は、実在するのだろうか？　確かめに築地へ行ってみた。

「おやおや……」

と一言。歓迎するでもなく、親父はタバコをくわえ、黒いトックリのセーターにドカジャンを着込んで、店前で新聞を広げていた。読んでいるのではない。新聞を広げると、その内側にもう一枚の新聞を挟んで二枚重ねにして積んでいく。

内側の新聞は、端を一センチくらい、使わなくなった包丁で器用に切り落としてある。「なぜ？」と尋ねると、鉛筆を耳に挟み、唄うように答えた。

「お嬢さん、もしあんたの下着が、洋服の裾《すそ》からチラリとでも見えていたら、はしたないだろ？この新聞紙はお客さんに買ってもらった鮭を包むための包装紙。外側の新聞紙から、内側の新聞紙が飛び出していたら、格好悪いってもんだ」

几帳面できれい好き。頭はいつもオールバックになでつけ、夏になると黒いダボシャツを皺《しわ》ひとつなくきれいに着こなし、汗をかいても涼しげに見える人だった。傍らには真っ白い猫がいて、

「シ～ロちゃんは可愛いね♪シ～ロちゃんは可愛いね♪」

と浪花節的に唄いながら、いつも鮭を切っている。「にゃ～ん」と答えるシロちゃんはこの

店で親父の次に偉く、体全体から高慢ちきなオーラを放っていた。売り物の鮭には手をつけず、マグロの赤味を好むので「シロちゃんのけじめ」と、猫の雑誌で紹介されたこともある。

親父の鮭の切り方には定評があった。驚くべき美しい刃物の使いようで、まず、「おっ！」と気合を入れて、刃物を鮭の脳天に当てる。そこから一気に胴体を二枚におろし、尾の先までを真半分にするのだ。見事に捌《さば》いた魚を持ち上げて客にさりげなく見せると、

「上手いねえ」

と皆、感心する。その切り様が見たくて、わざわざ築地に足を運ぶ男性客も多く、彼らは買った魚を受け取っても帰らず、親父とのんびり世間話などしていくのだった。

店の壁には高田美和のセミヌードのカレンダーが貼ってあった。

「こっちから見れば、おっぱいが見えるから、ほらほら」

とか言って、はだけた胸を下から見上げたり上から覗いたりしている。見えないことなどわかっているくせに、わざとはしゃいでいるのが実に楽しそうで、築地は男のオアシスなのだな、と思った。一方、

「早く切ってよ、親父さん」

などと急かす客が来ると、職人気質というのかヘソ曲がりなところがあって、テコでも包丁を動かそうとしない。

明らかに親父が悪く、客は怒って帰り、鮭屋はお得意さんを一人失う。どうにもできない意地っぱりで、そんな日は、珍しく押し黙っているので、私も遠慮して足早に立ち去った。私は、訪ねていく度に、親父のとめどない話にワクワクした。話を聞きたくて折々に築地に通い、暮れにはバイトをさせてもらって月日が過ぎた。

ある日、親父が言った。

「入院するので、その間だけ店を手伝ってくれる？」

と。そして、戻ることはなく六十歳手前で亡くなった。

店の大家さんは、江戸時代から続く浄土真宗本願寺派の稱揚寺《しょうようじ》で、親父はよく「大家といえば親も同然、店子といえば子も同然」と、鮭を切りながら話していた。荼毘《だび》に付される折に、まさに〝親も同然〟の住職に経を上げてもらい、あっさりこの世から旅立った。

親父の遺族は店を引き継がないと決めたので、急遽《きゅうきょ》後を引き継ぐことになったのは、帳場を守っていた五十代の女性だった。彼女が店主となり、大おかみは、店でいちばん威張っていた白猫のシロちゃん。

繁忙期に手伝いに来る職人さんの手を借りながら、新店主も出刃包丁を握り、「鮭の店　昭和食品」の新体制がスタートした。「出来ることがあれば……」と、私も配達や販売を手伝うようになり、皆で力を合わせて鮭を売る毎日が始まった。

第2章

商人と職人のまち

朝の挨拶は「このばかやろう！」

築地は、市場で働く一人ひとりの生き様のつづれ織りで、私も次第にその一端に織り込まれていった。

日の出直前、魚河岸は大小の乗り物でごった返す。

「このばかやろう！」

おっかなびっくり自転車の列に入っていったら、後ろから叫ぶゴリラみたいな野太い声。振り向いたら、

「轢《ひ》き殺すぞ、このやろう」

と、豪速球並みの粗い言葉が追い打ちをかけてきた。ターレと呼ばれる運搬車からはみ出さんばかりに魚を積んで走る近所の店の兄貴だ。昇る朝日のように一点の曇りもない笑顔。私が「ごきげんよう」と返すと「何様のつもりだ?」と兄貴はちょっとシラけた風であった。

市場には様々な仕事がある。ターレや引き車で荷を運ぶ職種を「軽子《かるこ》」と呼ぶ。軽子は古くから魚河岸《うおがし》で使われる言葉で、配達員を指す。たとえばマグロ屋の旦那曰く、

「軽子連中ときたら、ターレの運転が荒いなんてもんじゃありません。うちの店の売り場に平

気でぶつけてくるんですから、看板はもうボロボロです……」

困り顔だが、ちょっと楽しげに語り、築地ではある種の愛着を持って使われている言葉だ。

それは、江戸の頃なら一心太助に象徴されるように、鮮度を落とさず魚を運ぶ人間なくして、魚河岸は一日たりとも成り立たないという、至極真っ当な理由があるからだ。

私はさらに十年の後、毎日店の前を通って配達に来ていた軽子の一人と縁あって結婚し、波除《なみよけ》神社でごく内輪の式を挙げた。まったく行く先は、わからないものだ。

独特な河岸言葉

築地は、江戸時代から続く日本橋魚河岸が関東大震災で壊滅した後に移転して開かれた市場で、長い歴史に培われた独特な河岸言葉を今日に受け継いでいる。

「おはようございい」

「ありがとうございい」

短く縮めて、商いに勢いをつける。

「おい、田舎モン！」は、今でも問屋の親父に事あるごとに言われる言葉だ。田舎モン＝田舎の人というよりは、江戸っ子に対する野暮天、「ダセイ（ださい）野郎だぜ」といった趣きだ。

「お言葉を返すようで、何なんですが、アタクシ東京生まれです……」

なんて答えようものなら、

「だからテメェは田舎モンなんだよ」

投げかけられた冗談には、サッと切り返さないとたちまち田舎モン扱いだ。

「このスットコドッコイが！」も、魚を切り身にしていく最中にちょっと気が緩んで切り損じたりすると、たちまち飛んでくる言葉だ。

人は悪くないがオッチョコチョイの新人は、毎日小さな失敗を繰り返しては親方に怒られる。怒られても性懲りもなく失敗し、親方は苦笑しつつ怖い顔で怒っている。そんな毎日を積み重ねて、いつの間にか一端《いっぱし》の職人に成長する。

「ばかやろう」も、「スットコドッコイ」も、親しみと照れがないまぜになった、河岸の日常語だ。

急がないと魚が腐っちまうからか、単なるイラチなのか、やたらせっかちが多い。毎朝、

「なにトロトロやってんだい、魚はオレが袋に入れとくから、早く領収書と釣銭を持ってきな。おいおい、てめえ袋を放ってよこしたな。俺は客だぜ、客に向かって放り投げるバカがどこの世界にいるんだい！」

「すいませんね、お客様あってのあたしどもでして、いや申し訳ない」

と、番頭が型通りに返す傍らで、年かさの女帳場が、
「なに威張ってんだい、毎日一個か二個しか買わないくせにさ」
とかいう会話を十年来続けていて、案外、言い合ってる同士は仲が良い。
そんなやり取りが、朝の店頭のお決まりの風景だ。

万事が大げさ

商売は、市場に限らず勢いが肝心だが、魚河岸の人々は多少行き過ぎの感があって、万事が大げさである。

漁師が命がけで獲った魚を売るからには、一尾たりとも無駄にできまい。お客様である料理人たちだって、命がけで魚を煮たり焼いたり、寿司を握ったりしてるんだから、こちとら、親が死のうが店が火事で燃えようが、一日だって休まないで魚を届けるんだ……。

そんな昔ながらの精神が息づいている。実際に火災に遭った店が、翌朝、燃えた店舗の横に荷を積んで、周囲の応援を受けながらその日のノルマをこなす様を、何度も見ている。

今でこそ労働基準法に則って休暇を取るようになったが、戦前の市場人は、盆暮れ以外は休みなく働いた。多くの働き手は、故郷から上京して住み込みの小僧となり、せんべい布団に寝

て、兄貴分に罵倒され、番頭に小突かれ、時々親代わりのおかみさんに優しい言葉をかけられて涙をこぼし、ずいぶん悔しい思いもして一人前になっていった。

そんな中で、独立して店を興した人も多く、何代も続く大店《おおだな》の跡取りも、小僧上がりも、ともにしのぎを削って商売に精を出す。そんな人々の層の厚さに支えられて市場は繁栄したのだった。

時代は変わり、冷蔵・冷凍庫の性能アップと発泡スチロールの普及が市場のあり方を変えた。生魚はともかく干物・塩物については冷凍保持が当たり前となり、運び手や売り手が週休をとることも可能となった。それでも生鮮品というのは、一つひとつが命であり、手をかけ、目を配らなければ劣化する。スパンの短いナマモノを扱う仕事が、皆をちょっと前のめりにしているのだと思う。

小僧の仕事

だんだん鮭屋に深入りしていった私は、ちょっと年をくった女の小僧となった。

小僧の仕事はまず掃除。

と言いたいところだが、店主が筋金入りのきれい好きで、朝一番で、サッササッサとひと掃き、それをついボーッと見ている。掃き掃除の上手い人には惚れる。箒《ほうき》を右手、塵《ちり》取りを左手に持ち、前傾ではあるが背は丸めず「サッサッサッ」と、塵を掃き寄せ、決めの「シュッ」で、集めた塵を一気に塵取りに。箒と塵取りが上手に使えることが市場仕事の基本の基だ。

次は縄《なわ》かけ。

鮭屋に必須の仕事だ。当時は鮭一尾を丸買いする人が多く、「新巻鮭《あらまきさけ》」と筆書きされた専用の細長い箱に納めて、その箱に縄をかける。

縄は、箱の上下を二巻きした後、ダイヤ型に中央を飾り結びし、最後に持ち手を付ける。「梱包の女王」のニックネームにふさわしい店主の右に出るものはいない。いまだにきっちり結んだはずの箱が、持ち上げた瞬間に重みで弛《ゆる》むと、「ほら」と叱咤《しった》される。

縄かけと並んで大事な仕事は、段ボール箱のカスタムメイド。

鮭は縦長なため、既存の箱では寸足らずだ。そこで、ダンボールを切り開かず、鮭の長さに合わせて筋目を折り直し、最後に高さ調整をする。この技は、昆布など長い商品を梱包する近所の乾物屋の兄貴に伝授してもらった。どんな荷物でも、空いたダンボールにきれいに梱包して発送ができるようになれば、店では重宝がられる。

小さな店をどうしたら効率的に使えるかを考えるのも小僧の仕事で、今日はテントの支柱に日除けを張り出し、明日はほつれた暖簾《のれん》の端をかがり、こまごまと動き回る。雑然としているが、どの店も最大限の工夫を凝らし、配置を考えぬいている。

我々のような借店の場合、奥行きも間口も狭い。コンクリ仕上げの床は水はけ等も考慮され、道路に向かって傾斜しており、当時は公道全体が売り場だった。店の前面に移動可能な鉄骨の台座を置いて、その上に厚板を置き、魚を並べる。ビールのプラスチックケースや発泡スチロールも補助台として活躍した。

自分の店の前には、ごく当たり前に他店の配達用の自転車がずらりと並び、代わるがわる出入りし、それをごく当たり前のこととして互いが営業していた。小道具は探さなくてもいいように、壁のあらゆる場所に釘を打ち、棚をこしらえて配置した。

「ほら手鉤《てかぎ》をよこせ」

「紐《ひも》を放おってくれ」

「小刀を貸してね」

「ガムテープを投げろ」

と、仕事に応じて道具たちが出入りする。壁だけではない。個々の見慣れた日常着ですら、胸ポケットに帳面、左ポケットにマジック、右にドライバー、尻ポケットにちり紙、ベルトに手拭いと、さながら一揃いの収納ケースであり、長靴の脇には仕事後に読む競馬新聞と一緒に、集金した札束も入っていて、驚かされた。

　問屋の社長が当時発売されたばかりの大きな携帯電話をポケットに入れてくると、「その電話を使っていると脳腫瘍になるって噂だよ」と、本気で心配したのも、そんなに昔のことではない。

「超・辛・口・紅・鮭・あ・り・ま・す」

　商品の陳列については、店主ともども売り子である小僧も考える。鮭の一本物を中心に、切り身・干し鮭・乾物鮭・瓶詰鮭などを配置し、年配のお客様の目線にも届くよう、台の高さを微調節する。切り身を並べたバットは見やすいようにわずかな傾斜をつけ、「あ、これもついでに頂戴」と買ってもらえるよう、袋物などは手の届きやすい位置に吊り下げる。それぞれの値札を、字の上手な店主にマジックで書いてもらう。

「なんて書くの？」

「秋の新シャケ　一切れ三五〇円、三切れ千円…でお願いします。新シャケの文字だけ赤マジックで書いてください」

　まだ市場が卸売中心だった頃から、私が働く昭和食品は、鮭を切り身で一般のお客さんに販売していた。それは、前店主が今後市場に一般客が増加するようになると予測したのか、単に話し好きだったのか、尋ねる間もなく他界してしまい、わからない。しかし、引き継いだ女性店主が変わらず丁寧なもてなしをしたので、従来のお客様は離れず、温かな雰囲気の「鮭屋さん」となった。

店はひとつの大きな生け花のようだと思う。主役は鮭で、道の右から来ても左から来てもわかりやすく、明るく清潔感があり、活きの良さが感じられ、何よりも美味しそうに見せるために、いろいろ考え、工夫する。

ある日、新商品が店に入荷した。限界まで塩で漬け込み、焼くと塩が噴き出すようなしょっぱい鮭。

「これ、道行く人にどうやって知らせましょう?」

店主と相談し、買ったばかりのワープロで、最大の文字をピンクの紙に一文字ずつ刷って、セロテープでつなげてみた。

「超・辛・口・紅・鮭・あ・り・ま・す」

鮭箱の木の蓋に縦長に貼って店頭に掲げたら、通る人が口々に、

「超辛・口紅・鮭?」

「超辛って、しょっぱいの?　それとも唐辛子の辛さなの?」

「ああ、昔食べた懐かしい味ね」

「最近の鮭はしょっぱくないよな、ホントに塩が噴くほどか？」

などと口々に尋ねてくれる。そのうち、テレビのクイズ番組でも紹介され、当店のロングセラー商品となっていった。

第一に品揃え、第二に価格、そして第三に陳列で、売上は上下する。「すごいな」と感心する店作りが近所にも多々ある。たとえば代替わりと同時に店内を卸から小売対応に変え、商品はすべて小分けの真空包装、一律価格のまとめ買いでお得な販売形式とし、成功を納めた佃煮屋さんがある。陳列とは単なる飾り付けではなくて、店のコンセプトを明確に反映した仕組み作りなのだと学んだ。

自転車で転倒しては怒鳴られて

さて、朝の店出しを終えたら販売だ。

店に立って間もない頃、ちょっと立ち寄った風の紳士に、

「いらっしゃいませ！　鮭はいかがですか？」

と、意気込んで突進したら、

「頼むから向かって来ないで。怖いじゃないか」

と困惑された。

その点、当店の女店主はさすがの対応で、ごくさりげなく「旦那さん」と男性客を呼び、自然に相手をたてている。一朝一夕に真似できるものではない。

実は、まち全体にお手本がいっぱいある。「憎いなぁ……」と感心したのは、斜め前の豆屋のしげおじさんで、ご高齢のご婦人方にも、「お嬢さんいらっしゃい」と気さくに声をかける。言われた方は満面の笑みで、「あのね」と、少女のように表情も可愛くなるから不思議だ。

築地の面白い売り手は、訓練されているというより自分のキャラを全面に出すパフォーマーのようなもので、なおかつ扱う品について語りだしたら止まらない。長年、ひとつの品目を扱う専業者ならではで、それがまちの魅力となっている。

一連の小僧の仕事の中で、もっとも重要なのは配達だ。大きな黒い配達用自転車にまたがり、後ろの荷台に幅広のゴムバンドで段ボールを積んで配達に出る。

早朝のクラクションと怒鳴り声の真っ只中で、

「危ないよ！　危ないよ！　危ないよ！」

と大声で叫びながら、前を行く人に避けてもらい、自転車を走らせた。荷物をたくさん積む

とよろけ、勢いをつけて走らないと自転車ごと倒れてしまう。転倒すると、

「だから、分けて運べと言っただろうが！」

と怒鳴られた。

圧倒的に屈強な市場の若い衆に憧れた。労働で身に付く筋肉というのは、スポーツマンのそれとは異なり、ガッチリ体を覆っている。特に「小揚《こあ》げ」と呼ばれる卸会社の荷揚げ集団は、前を通る度にあからさまに見つめてしまうほど惚れ惚れする姿だった。

体全体が分厚く、手の平までもが大きく弾力がある。生まれ変われるものなら、そんな風になりたいと思ったが、周りをよく見れば、そこそこ皆、ガタイがいい。自分もめざす体型に近づくため、自転車で家から通ってみた。当時、目黒に住んでいたので、最初は片道一時間以上。だんだん慣れて四十分台になり、五年くらい続けたら、腿《もも》も上腕も一回り太くなり、体型が変化していくことが嬉しかった。


築地で働くようになり、だんだんわかってきた。

小僧の務めは、休まないことだ。

雨が降っても風が吹いても、暑くても寒くても、眠くても、前日、仲間と口喧嘩しても、雇い主に叱られても、二日酔いでも、多少の風邪をひいても、なんとなく行きたくない日も……

とにかく定刻どおりに市場に辿《たど》りつく。

自転車で早めに着いて、まだ店を広げる前、板台の上で寝転がって夜明けを待つのは楽しい。寒い日は自動販売機の缶コーヒー片手にパンをかじっていれば、早出しの配達に現れた問屋の親父が「早いじゃないか、今日は」と声をかけてくれる。通りでは、いつもの人がいつもの仕事を始めている。一日が始まる。

隣のシラス専門店の若旦那が毎朝、自転車の荷台に二メートルくらい、シラスやチリメンジャコのダンボールを高々と積んで有楽町に荷を運ぶ。どんなに積んでも揺らがず、走り出す姿が格好良く、少しでも近づきたいと自転車に乗りはじめたような気もする。働き盛りだったその人が、十年あまり前の早朝、突然、セリ場で亡くなった。界隈《かいわい》の皆が言葉をなくし、立ち尽くした。葬儀には長い列ができ、焼香後に仲間で言葉少なく飲んだ。

鮭を切りたい！

築地は商人と職人のまちである。商人は商機を狙ってマメに動き、一発勝負に賭けて逆転勝利することもある。一方、職人はテコでも動かない頑固さで魚を切り続ける。百切れ切ろうが千切れ切ろうが、目方をピタリとも崩さずに切る。雨が降ろうが槍《やり》が降ろうが、ザクザクと刻む、そのスピードを変えることはないのだ。

年配の魚屋から聞いた話だが、戦後は魚を切れば切るほど売れたものだから、皆、寝る暇もなく切り続け、ついには職人の手の骨は、握る包丁の柄《え》の形に曲がってしまったそうだ。

軍隊上がりが多かった時代で、新人が入ってくると歓迎会と称して、まな板の上に手を広げさせ、包丁で指と指の間を突いて肝試しをしたともいう。そうして十代の頃から何十年と続けた仕事は体が覚えているから、滅多なことで切り損じたりしない。

「これ、どう思います?」

と、ある日店主が、年配の職人さんが切った魚を見せてくれた。真っ直ぐなはずの切り口が、蛇行していた。体の異変では、と病院で診てもらったら脳腫瘍だった。生涯現役を通したその人を、静かに見送った。

私も鮭を切りたいと思った。築地に来て、初めて何かをしたいという執着心が芽生えた。いきなり商品を切ることはできないから、まずは鮭を買って切ってみる。死んだ親父は、毎日無駄話をしながら鼻歌まじりで魚をおろしていた。難しい仕事をしているというよりは、楽しそうにみえた。

ところがいざ自分が包丁を握り、頭とヒレを切り落として中骨に沿って二枚おろしを始めると、どこに骨があるのかさっぱりわからない。

わからないままに切り進むと、明らかに刃物が浮いて、中骨よりはるかに上身を切っている。あわてて腹の内側を覗いて中骨を一節ずつ切り離していく。手の温かさで魚がどんどん柔らかくなっていく。

顔見知りの鮭屋を覗いては、

「すみません、ちょっと見せてください」

と頼むと、職人は無口な人が多くて黙っている。見ている間にまな板の右側の魚の山がどんどん切り身となって、左側に山積みされていくものだから、何をどう切っているのかわからず、

「上手ですねぇ」

と思わず感嘆するが、よその店の売り子に褒《ほ》められても困惑するのだろう、相変わらず黙っているので「ありがとうございます」と頭を下げて退散した。

職人仕事にゴールはない

それでも市場は路地が多く、他人の仕事場を自由に行き来できるのがありがたかった。どの職人の仕事も望めば見ることができ、そのかわり自分の仕事も他人に見られる。市場通いのプ

ロの料理人たちに教わるチャンスも多かった。

包丁の研ぎ方がわからず、最初に買った出刃包丁は、摩耗する真ん中ばかり研いでいるうちに湾曲して、まったく使いづらくなってしまった。通りがかった仕入れ途中の寿司屋の旦那に、

「この包丁が切れないんで……」

と思わず包丁のせいにしたら、びっくりしたような顔でジロっと睨《にら》んで包丁を取り上げ、いきなりコンクリートの床に先端を当てて折ってしまった。「えっ！」と思ったが、少し研いで角度を直してくれた。

湾曲しないように、上から五か所くらいに分けて研ぐ。研いだらまな板に包丁の刃を直角に当てて、隙間ができないように修正するなど、折々に学んだ。研ぎ方は人それぞれで、研ぎ加減を確かめるために襟足《えりあし》に刃物をあてる人、指先で刃先を撫《な》でる人、それぞれの姿を今でも思い出す。

砥石《といし》の使い方もわからず、真ん中で研ぐから真ん中ばかり減る。その砥石を見た職人が床に這《は》いつくばっているので、何をしているのだろうと見ていたら、表面が歪んだ砥石を床のコンクリートに当ててこすり、砥石を研いでまっすぐに直してくれていた。一方で、

「よぉ職人」

と取りあえず嫌味を言って、

「おいおいおい、いつまでこねてんじゃねぇ！　見てる方がオッカネエ、貸してみな！」

頭を落とした魚をまな板に対してタテに置き、左手で包丁のきっ先を、右手で柄を持って手前に引くようにおろす。この方法を教えてくれたのは、前店主と若い頃同じ加工場で魚を切っていたという老職人だった。


店の何十年来のお得意さんが、私が必死に切ったぶつ切りみたいな鮭を黙って買ってくれた時の情けなさは、今でも忘れられない。躊躇《ちゅうちょ》している猶予はなかった。一尾でも多く切って、客をなくす前に上手くなるしかない。

日常的にもイワシやアジのような小さな安い魚をおろして、包丁に慣れるしかない。魚を切りはじめて初めて迎えた年末、どうにも腹が痛くなり医者へ行ったら、

「腹筋を痛めていますが、スポーツでもしていますか？」

と問われ、無駄に力んでいることに気づいた。

今になって、魚は力で切るのではなく、経験値と集中力で切るものだと思う。実際、凍った魚を力任せに切れば、身が割れ、皮は剝がれてしまう。切り慣れてきて、まな板の上に載せたとき、魚の上に点線がついているかのように、何も考えなくても切る箇所や角度がわかるようになるまでが第一段階。

指定グラム通りに切れるようになるのが第二段階。二〇グラムのお弁当用の小さな切り身を目方通りに切るために、一切れずつ秤《はかり》にかけて、三〇キロ切り終えると、一五〇〇切れの切り身となる。一グラムの超過に気づいたら、今度は一グラム減らして、という繰り返しが続く。

昨日よりは今日、今日よりは明日、もっと上手に魚を切りたいと切磋琢磨《せっさたくま》する職人のまちで、いまだに指定の目方通りに切れずに悶々とする日が多い。

男性比率が圧倒的に高い職場ではあるが、男女差を意識しても仕方がない。年齢、資質で能力に差があるのは当たり前で、それを越えていこうと、皆、努力や工夫をしている。

職人仕事にゴールはない。

年末ブルース

十二月、午前三時。

店のシャッターをガラガラ開け、スポットライトを一つ一つ灯す。他の店の誰かも、シャッターを開ける。まちが徐々に目覚める。

十一月までとは異なり、どの店内も資材や容器でパンパンだ。これぞ正念場、店にとっては三十一日間すべてが稼ぎ時だ。すでに正面の店では、番頭が調子よく電話で指示を飛ばしている。

「頼むよ頼むっ、○○ちゃん！　八時まで。おいおいおい、任せとけって言ったよな」

通りの端まで聞こえるくらいの大声で、荷物が届くの遅れるのと、これも例年通りだ。

三時半。

斜め前の豆屋の大きなトラックが店前にぴったり横づけし、一袋何十キロもの大豆や小豆《あずき》を黙々と荷降ろししていく。その脇を、当店への納品車がすれすれで止まり、後続の車が慌てず停車し、一服している。

「悪いね、待って」

と声を掛けると、片手でオッケーと、サインを寄こす。

次に卸会社のターレが次々に注文した店に荷降ろししては、場内に戻っていく。時々、配達に手違いなどあると、

「勘弁してくれよ」

と焦って口調がきつくなり、一瞬即発で手が出そうだ。

四時。

早出の店員のバイクや自転車が交差する。気が立っているのがアクセルやブレーキの音でわかる。私は一通り、積まれた鮭箱の数と種類を照らし合わせると、手鉤で鮭箱を開けて仕分け

する。店主が出社するまでに、抜かりなく準備を整えるために……前日の注文表と照らし合わせて頭で手順を考えている。

五時。

一通りの準備が整えば朝飯。通りの角のおにぎり屋さんに駆け込む。

「とにかく、あったかいのなら何でも。二つ頂戴！」

大きな、握りたてのおにぎりは、師走の朝の何よりのご馳走だ。

食べたら鮭を切りはじめる。ザッ、ザッ、ザッ。時計の秒針と同じスピードで、鮭の骨を断ち切っていく。

六時。

一番電車が築地に着くと、働き手がまちにドッとなだれ込む。到着した店主の算盤の音が、パチパチと軽快に響き、店の一日がスタートする。

十二月になると、山の頂きをめざす登山者のような気持ちになる。まちを挙げての大騒動にワクワクする反面、この期間、どうか何事もなく無事過ぎますようにと祈った。自転車で通っていた頃は、出勤途中に通りかかる銀座三越正面に「あと○○日」と表示されるカウントダウンの日数を、横目で見ながら走った。時の歩みは遅く、一日一日が長かった。

何度目の、十二月だったか。慣れてきたと思った年に、鮭を切るのが急に怖くなった。刃物が怖いのではなく、仕事に気圧されたのだと思う。まな板の前に立つと、どうにも足が地につかない気がして、ソワソワする。

「落ち着け、落ち着け」

と念じ、

「とにかく一尾切る」

と、言い聞かせてなんとか一尾を切る。周囲に気づかれないように平静を装い、一時間二時間、やり過ごすと霧が晴れるように不安は消えていく。午後になれば、何事もなかったかのように冗談を言い合ったりできるが、翌朝また鮭を切るのが怖くなる。公私ともども取り立てて変化のない平凡な年で、思い当たる不安材料もない。たまりかねて医者に尋ねた。

「生きていくうちには色々なことがあるが、気にしないように」

「いや、そう言われても……」

気休めの薬も出ず、釈然としないままだったが、何とか一年は終わり、それ以後、同様の症状は起きていない。

第3章

築地市場・四季の魚たち

場外で働き、配達などで場内に出入りするようになったのは、いつごろからか。

場内は、築地川という掘割のような小さな川ひとつ隔てた向こう岸である。この東支川は一九九五年に埋め立てられ、その後、水を抜いて地ならしされ、今は跡地に区の市場施設が立っている。

だから場外と場内は地続きになったが、一歩〝中〟に足を踏み入れれば、そこは東京都中央卸売市場という、かなり特殊な一つのまちだった。

なにしろ、一日の入場者数は四万人を超え、その大部分が魚に携わっている。搬入、セリ、加工、販売、配達、保管、配送、事務方、監理、検査、氷販《ひょうはん》、附属商、魚類容器販売、清掃、発泡容器処理、食堂喫茶、宿泊施設、さらに、交番、郵便局、診療所、銀行の出先機関もある。

私は当初、なかなか他を寄せつけないこの特殊領域にこわごわ足を踏み入れ、やがて昭和十年に開場して以来、増設され続けた場内の各施設の多様な役割を知るようになっていった。

唸り声と叫び声が繰り返されるセリ場

夜明け前。隅田川沿いの岸壁の所々にドラム缶が置かれ、鮭箱やトロ箱と呼ばれる魚の木箱が火にくべられた。腰に手鉤《てかぎ》を差した人々は野戦場の野武士のようで、近づきがたかった。

早朝。簀《す》の子《こ》に載ったマグロが黒光りして並ぶセリ場を通りかかった。帽子に車のバックナンバーのようなプレートを取りつけた複数の男たちが、合唱隊の舞台のような段差のある囲いに立っている。その中央に机があり、ブルーの制服の男が、呪文のような唸り声と奇妙な抑揚のついた叫び声を交互に繰り返していた。

それは、テレビで観たことのある「セリ」の現場だった。壁で仕切られた次のブロックには、居並ぶマグロから白い煙が濛々《もうもう》と立っていて、「これが冷凍マグロなのだ」と思った。

セリは、鮮魚・貝類・活魚《かつぎょ》・ウニ・シラスなど、魚種により行われる場所も方法も異なっていた。初めてその現場を見て、場内は、真剣勝負が繰り広げられる巨大な博打《ばくち》場に思えた。

出荷が終わった午前十時頃。卸会社への支払いのためにコンクリの急階段を登る。迷って渡り廊下で繋《つな》がる建物から建物へ歩みを進め、思いがけず「ウニのセリ場」に行き当たったことがある。さらに教室のような「シラスのセリ場」に遭遇し、引き返せないほどの多くの角を曲がり、ようやく屋外に出たと思えば、そこは、淡水魚の水槽が幾重にも並んだ水族館のバックヤードのような施設だったことも。

河岸引けの午後。深夜から引っきりなしに通過したターレが去って人気のない通路に、轢《ひ》き殺された穴子がひからびている。グシャッとした音に驚いて足元を見たら、転がるトリ貝を踏んづけていた。「ここは本当に東京なのか」と今更ながら思った。

水神社《すいじんじゃ》、古い時計台跡、塩水を浴び続けて赤くただれた鉄柱、何十年の上り下りで角が丸くなった石段、東京都の職員が立ち働く天井高の事務室、長い曲線を描く薄暗い廊下、分厚いガラス窓から覗く青空、階下のプラットフォームにも驚いた。昭和六年から六十二年まで、汐留から引き込み線が引かれ、市場に貨車が着いたのだ。

〆る！　おろす！　解体する！

やがて場内の中心部が、扇形に配置された仲卸店舗の集合施設であることを知る。各通路にイロハニホヘトと数字で縦横の並びが表示されている。四年に一度、抽選で配置を変えるルールがあるとのことだが、移転問題が膠着《こうちゃく》状態となって先送りされ、最後の店舗異動は二〇〇四年だった。

移動を前提に、店は簡潔に作られている。通路には開場時に手作業で敷きつめられた石畳が日々踏みしめられて丸みをおびている。水はけはよく、滑りにくい。各店に囲いはなく、冷蔵庫やダンベといわれる魚桶が配置されている。太い鉄骨で区切られて、頭上の看板が筆文字の勢いもよく、いかにも河岸らしい。

寅《とら》・辰《たつ》・鷲《わし》など威勢の良い文字を配した屋号、また、佃・堺・伊勢など出身地にまつわる屋号……粋な屋号の魚屋たちは、いつ稼業を興したのだろうか？

私は場内への配達の合間に、魚屋たちの仕事場を覗き見た。男たちは魚を睨み、刃物を入れていく。ウエットスーツ姿の若手が活魚を〆《しめ》る。魚の髄《ずい》に針金を挿《さ》してしごく、目にも止まらぬ動作でビチビチと暴れるカレイやヒラメを鎮静させる。

パタパタパタ……パタッパタッ……パッ……タン。

一丁上がり！　さあ次！

繊細な指使いでシンコのようなごく小さな魚をおろしている人もいる。スピードが勝負で、背後から覗けば、指先の滑らかな動きが魔術のよう。魚を捌《さば》いているというより、指先から花が開いていくように見える。使う包丁も魚によって異なる。小さく鋭い刃、ほっそり長い刃、二等辺三角形みたいな三角刃。長年使っては研いで、持ち主のクセがついている。

マグロは洗い清めた大俎《おおまないた》に、張りのある見事な体軀《たいく》を横たえている。「もはやこれまで」と覚悟を決めた王者さながらだ。職人が構えた日本刀のような長刃が魚体に吸いついたかと思うと、黒い表皮から真っ赤な身が露出する。職人は息を吸って一瞬、止めたその刹那に入刀。吐きながら一直線に切り割く。真剣勝負とはこのことだ。いつも、マグロの解体場面に遭遇すると、足が止まってしまう。

煌々《こうこう》と灯る裸電球が、夜明けとともに訪れる板前や買出人たちを、奥へ奥へと誘う。

符牒と「手やり」が行きかう売り場

売り場には売り場の闘いがある。

帳箱といわれる小さなボックスに、帳場を受け持つ社員が待ち構えている。店に立つ売り手は「あ」とか「さ」とか、叫んでいるようにしか見えないが、耳をそばだてた帳場は瞬時に数字に変換する。時々、親指をかざしたり小指が立ったり、不思議な指使いで帳場に伝えられる暗号も、即座に数列に変わる。

実は「あ、き、な、い、の、し、あ、わ、せ」や「か、け、う、り、は、い、た、さ、ず」といった言葉が「1、2、3、4、5、6、7、8、9」の代わりに使われ、居合わせた他の客に悟られずに帳場に伝える符牒《ふちょう》であり、不思議な手の動きが「手やり」という、セリ場で競り人に自分の指値《さしね》を伝える数字の表現であることを知ったのも、ずいぶん後になってからだ。

他にも、魚屋独特の数え方があり、当時友だちになったお帳場さんに、

「ピンは一、ゲタは三、ピンマルは十」

など色々教わった。ただ、こうした符牒はあまり用いられなくなっているという。

買出人たちの真剣な眼差し。目から手裏剣が飛んで魚に刺さるような鋭さだ。かと思えば、

魚から魚へ目が泳いでいる時も。迷って決めかねているのか、今夜の予約客を思い浮かべているのか、そこを心中ズバリ言い当てたように仲卸が「これっ」と勧め、「おおっ！」それで決まる取引もある。丁寧な説明はないが、それは互いがプロだから。買って、買って、失敗も成功も糧にして、料理人は育つ。

各店から、きれいに仕分けされた魚が引きも切らず運び出される。高天井の隙間から、木漏れ日のように朝日が降り注ぐ。

きれいな氷が一面に敷かれた発泡容器に、お姫様のように大切に横たえられたアマダイは、日本画から抜け出したかのように優雅だ。身の柔らかいサワラは、板に載せられたままで、ソロリ素早く移動する。誰もが魚を丁寧に扱っている。魚でオマンマを食べているのだから、当たり前だ。

昼。怒濤のような数時間を働きつめた後、三々五々仕出し弁当を食べている。お決まりの冗談に笑う仲間、帳面をパタンと閉じて事務所に向かう帳場、早々帰宅する大旦那、背広に着替えて営業に向かう若手、包丁を研ぐ職人……人それぞれの昼下がり。勝負に勝っても負けても、また翌朝は闘いで、今日しくじった分は、明日取り返す。

各々が去って、大方の灯りが消える。八十年来の魚の匂いが染みついた石畳を踏みしめて歩くと、ここで働いた何万人もの人々の息遣いが聞こえてくるように思えた。

初セリに始まる一年

場内の一年は、初セリに始まる。

マグロ・活魚・鮮魚・ウニ・シラス・淡水魚・冷凍魚・加工品……閑散とした三が日の市場に、一つまた一つと、蛍光灯がつくのは四日の夕から。

次第に大型トラックが到着し、北国発の四トン車にうっすら雪が積もっている時もある。夜を徹して荷捌《さば》きが続き、ダンボールや発泡スチロールの小山が整頓されていく。

深夜に働く人々は無言だ。まるで宇宙空間のようだと思ったことがある。夫が定年までの約十年間、場内の青果に勤め、夜間の荷捌きをしていた。親戚の訃報《ふほう》が届いた折に、あわてて知らせに行ったが、荷捌き場は広く、ターレに荷物を積んで常に移動しているので、容易に見つからない。

「ケール三〇ケース、マジョラム八ケース、タイム一〇ケース、レモングラス五ケース……」

各々、寡黙《かもく》に動いているが、すれ違いざまに「おお」とも「やあ」ともつかない、挨拶とわずかな会話を交わしている。

「うちのひとは、どこにおりますか?」と尋ねると、「あれ、イチゴだったかな?」「パイナップルの方にいるよ」とか、ちょっと美味しそうな答えを返してくれた。

魚の荷捌きは、青果に比べると生々しい。マグロなど大型の荷が手鉤で引きずられていく様や、活魚がトラックの水槽から移される際の水しぶきは、魚河岸ならでは。

午前三時頃、各セリ場に魚が勢揃いすると、いよいよ一年のスタートだ。

平時と異なるのは、各売り場に立てられた「祝　初荷」の紙旗で、竹の竿《さお》にタコ糸で括りつけられ、日章旗の図柄や派手な色彩が昔風で、卸会社の社名が記されている。

社員たちも、パリッと洗濯したての制服に身を包み、清々しい表情。各社の社長が登場して簡潔な挨拶に続く一本締め。各社合同の手締めはピタリと合う。

冬の立役者、カキ

働きはじめた頃は、魚種はよくわからないものの、魚を見るだけでときめいた。

冬の主役といえば、ブリ・アンコウ・カニ・ヒラメなど。だが、初荷の頃は産地が本格稼働せず、シケも多い時期で、連日目立ったものは「なんにもないぞ」。とはいえ、毎朝、魚は入荷する。

ヘトヘトに疲れる暮れの繁忙期は、帰宅後ソク就寝で、家で包丁は使わない。個人的解禁日は初荷の日で、その後は生牡蠣《がき》・カワハギの肝・ナマコなど、好きな魚を何でも選び放題。河岸勤めならではの贅沢に浴する。

殻《から》付きカキは、貝類専門の仲卸に並ぶバットごとに「昆布森《こんぶもり》」「厚岸《あっけし》」「桃浦《もものうら》」など産地の名札が挿してあり、

「さすが厚岸、大きいねぇ～」

など言い合いながら、ずっしり重い立派な一つ一つを抜き出し購入。店に帰って火をおこし、焼き網に平たい方を下にして置いて火にかけ、ジュブジュブッと、泡を噴きはじめたら、軍手をはめて待つ。

わずかに口を開いたタイミングで、サッと汁をこぼさないようにひっくり返すと、殻の隙間からナイフを挿し込み、思い切って柱を貝殻から切り離す。ここでカキは観念したようにガックリとだらしなく口を開け、ことされて食物となる。ほどよく火が通るのを待ち、良い香りが漂いはじめると、丸ごと頬張り、舌なめずりする。

カキにはもうひとつ思い出がある。河岸に通うフレンチの料理人が、

「生牡蠣にトマトの角切りを載せ、レモンを絞って食べてごらん」

と教えてくれた。カキの旨味が更に引き立つ素敵な組み合わせで、以来、カキにトマト・レモンは欠かせない。

ナマコを生で食す日本、干して食す中国

ナマコは、風呂につかっているみたいにボヨヨンと海水に浸されて、仲卸の売り場に大人しくしている。河岸で見かけるのは青ナマコと赤ナマコの二種類。

「今日は高くても赤を買いな」

とのアドバイスに従い、赤ナマコを買う。

取り出してまな板に載せられてもボヨヨンとしたままだ。表皮の赤褐色のまだら模様が美しく、みずみずしくツルンとした感触。縦に刃物を入れると水がほとばしる。

内臓をていねいに取り除いた後、塩をかけて揉む。その後、沸かした番茶にちょっと泳がせるのは、香りつけのためだと、判取《はんと》りに来た問屋の旦那が教えてくれた。

さらに冷水で洗ってから、昆布出汁・酒・醤油・酢を合わせた汁に漬けおき、薄切りにして紅葉おろしで食べる。新年会には、このひと品が欠かせない。

東日本大震災の後、真冬の宮城県牡鹿《おしか》半島で、ナマコ漁に出る漁師さんに話を聞いたことがある。極寒の海では高機能なウエットスーツを着ていても体は冷え切って、「漁の後は軽い潜水病でだるくて仕方がない」と言っていた。

まさに命がけで潜るのは、高値で取引される稀少品だからこそで、キンコと呼ばれる高級乾物になるのだそうだ。

数年前、築地に中国人観光客が急増した折、干しナマコを販売した。中国語でナマコを「海参」と書くのは、海の朝鮮人参という意味だそうで、漢方のような効能があるらしい。

秋田県男鹿《おが》半島の加工業者さんを紹介していただき、加工場を見学するために訪ねていった。海辺にゴザを広げて天日干しする様を想像していたが、本格的な加工工場で、煮て干す行程を繰り返すたいへんな手間で、驚いた。

中国では、古来から海参《ピンイン》（干しナマコ）、干貝《カンペイ》（干し貝柱）、乾鮑《カンパオ》（干しアワビ）などを乾貨《ガンフオ》と呼び、珍重してきた。遠路はるばる内陸に海産物を運ぶため、保存食としての乾物が発達したのだ。

ある日、当店を訪ねてきてくれた美しい中国人女性は、

「母に、毎日食べるように言われています」

と言う。料理するにあたってまず水で戻し、さらに熱湯で戻し、一〇倍くらいの大きさに戻すという。「どんな料理に使うのですか?」と聞いたところ、「戻して、茶碗蒸しに入れて食べます」と教えてくれた。いつか作ってみたいと思うが、いまだに実現していない。

見た目、グロテスクなナマコだが、生で食べる日本、干して戻して食べる中国、それぞれに、

この不思議な生き物を食べるため、工夫を重ねてきた歴史がある。市場は多様な人々の出会いの場で、居ながらにして多様な食文化を学び、産地や加工地を訪ねる機会を与えてくれる。

アンコウ、アワビ、ヒラメ、カワハギ……

他にも、冬の魚といえば……

吊るし切りで知られる常磐のアンコウ。さすがに吊るす場所もなく、自分で捌いてみようとは思わない。七つ道具といわれるキモ・トモ（尾びれ）・ヌノ（卵巣）・エラ・胃袋・頬肉・カワを切り分けてもらい、鍋で食べて冬の愉しみにしている。

冬の築地の花形は、氷見《ひみ》の天然ブリ。ただし最近はブリも鮭同様漁獲が安定せず、〝北海道でブリが豊漁〟というニュースも。また、柚子や蜜柑《みかん》を餌に混ぜて育てた香りの良い養殖ブリも話題を呼んでいる。

毛ガニ。茹《ゆ》でたのは一度きりだ。生きたまま鍋に投入して火にかけたら、キーッと鳴かれて慌てて蓋《ふた》をした。以来、茹でたカニを買っている。

アワビ。仲卸の帳場を受け持つ奥様に教わった食べ方。綺麗に洗い、お皿に貝殻を下にして並べてラップして電子レンジで三分。同時に鍋で、水・日本酒・砂糖・醤油を温め、レンジで加熱した時に出た汁を加え、貝殻を上にして五分煮て、そのまま冷ます。こんなに簡単にアワビが食べられるなんて、思いもしなかった。

ヒラメ。五枚おろしの練習がしたくて、何回か挑戦。中心から背骨にそって包丁ですじをつけ、中心から中骨に沿って右へ、同じく左へ、裏返したら同様に、右へ、左へと包丁を這わせる。これで身が四枚と中骨に分解。合わせて五分割なので五枚おろし。ちゃんと研いだ包丁でなら、なんとか捌ける。

身は昆布に包んでラップを巻き、冷蔵庫で寝かして昆布〆《じめ》にする。中骨でとった出汁は、おじやを作り、玉子を割りほぐしてひと煮立ちさせると最高。

カワハギ。店の新年会では必ずリクエストして食べる。溶いたキモに刺身をチョイとつける。実際に自分でも丸で買って皮を剝いでみた。頭を落とし、内臓を除き、腹側から皮をズルーッと引っ張ったら丸剝けしてビックリ！

初荷以降、気温は一段と下がり、本格的な冬となる。最低気温が零度前後という寒さには心底まいるが、そんな冬の方が魚は美味く思える。

震える手で魚をおろし、煮炊きしつつ暖をとり、なんとか寒さを凌いでひと月ほどたつと、店の大家さんであるお寺の境内に紅白の梅が咲く。やがて、セリ場に三陸の早採りワカメが入荷される頃、春が確実に近づいてきている。

春はサクラダイ

　仲卸を巡りはじめた頃は、アジとイワシの見分けがつかなかった。

　仲卸の店先で、（多分、アジ……）と思われる魚をうつむきながら指して、相手の顔を直視せず「これください」と言ったら、

「なにすんの？」

「……食べる」

「ねえちゃんなー、俺をからかってんのか？　刺身か、それとも焼くのか、煮るのかって、聞いてるんだけど！」

と、言ってる先から魚の頭をもいで腸ごと一気に引っぱり出して捨て、サーッと流水で腹をきれいにする。さらに中骨にそって親指をズイーッと滑らせるとあら不思議、魚は一気に手開きされて、最後に中骨を剝がして尾の付け根でポキっと折って捨て、

「ハイ、イワシの手開きってのはこうやるんだ！　生姜と味噌でつみれも旨いぞ！」

　そのうちに、アジもイワシも何回も捌いてアジのプリプリとした弾力や、イワシのしっとり柔らかな手触りを覚え、一年後にはアジはアジにしか見えないし、イワシはイワシにしか見え

なくなった。なぜ当初、見分けがつかなかったのか、今となってはわからない。

クジラ屋の前を通ったときは、高いとは聞いていたものの、値段の見当もつかなかった。赤黒い肉塊に「三〇〇……」と札が付いていたので、「よし！」と覚悟を決めて「これ！　ください」と意気込んだら、ゼロがひとつ下に隠れていた。店の番頭さんが、

「あのさ、サンマンエン」

と答えるのも気まずかったのか、魚河岸の兄貴にしては声が小さく、こちらも顔から火が出て「どーも、すみません」と、コソコソ店を後にした。


春はサクラダイ……

河岸の慣用句のように、春が近づくと皆そう言う。桜鯛とは桜の花びらのような薄紅色の鱗《うろこ》に覆われた美しい真鯛のことで、「これは食べずにおれるか」と奮発してみた。店に戻り、まずウロコ取り。私が扱っている鮭はウロコごと食べる魚なので、日常的にウロコをとる習慣がない。

〝ウロコ引き〟という木の軸に鉄鉤《てつかぎ》状の突起がついた道具を買ってきて、尾から頭へと魚体をこすると、シャリシャリという心気味よい音とともに、四方八方に飛ぶウロコ。

虹色に輝く一片一片が、乾くとあっという間に白い小さな屑《くず》になって、顔に張りつく、髪に

飛ぶ。ウロコだらけのまな板を清めたら、三枚おろしは思ったより簡単だが、背びれや尾びれが胴に刺さるように付いていて、爪の間に入ろうものなら、痛いのなんのって。

頭を二つ割りするにもコツがあって、斜めに刃物が入ったら最後、出刃が抜けないし、頭は割れない。しまいには出刃が刺さったままの頭をまな板に打ちつけて、なんとか二つ割りにしたはいいが、きれいに研いでおいた刃が欠けたらどうしようかとヒヤヒヤ。

はかない桜色の真鯛が、こんなに手強いとは……。

そして食べたら「あれ？」期待していた味と違う。ゴムを噛んでいるみたいなすごい歯応えだ。この堅さが死後硬直で、食べるタイミングは、もう少し後だと知る。板前さんは買った魚をねかせて、一番旨い状態でお客様に出す。熟成という意味では、塩をなじませて旨くする鮭にも通ずる。

ある時、鯛の頭を煮つけてくれたのは、今は中央区の区議になった磯野忠さんで、彼は当時、場外の一角にある料理屋「いし辰」を継いで、包丁を握っていた。

鯛は三枚におろして湯引きし、松皮造り《まつかわ》にする。その後、二つ割りにした頭は煮付けに。手坊主で酒・醤油・みりんを煮つめ、鯛の頭を投入したら汁を繰り返し回しかけ、味がまんべんなく絡んで煮つまるまで、鍋を傾けて汁をからめ続ける。まもなく出来上がりだ。

「はい、食べてご覧」

箸で崩すとホロホロと身がはずれて、真白い身にしみていく甘しょっぱい煮汁が今でも忘れられない味だ。

ついこの間のことだが、鯛の皮の食べ方を向かいの豆屋の兄貴アキラ君に教わった。春の夕方、河岸引けに軽く一杯呑んでいる手元を見ると、仲卸の職人がきれいにひいた天然鯛の皮がある。

「さて、どうしようか……」

彼はしばし考え、おもむろに近所の焼肉屋が処分した焼き網をふたつ取り出してきた。網と網の間に鯛の皮を広げて、ぴったり合わせ、クリップで留めて塩を振る。次に右手で構えたのはカセットコンロのバーナー。

身の方から炙《あぶ》り、火が通ったらひっくり返して皮側を炙る。香ばしい煙が上がり、猛烈に腹が減ってきた。軽く焦げ目がついたら網から剝がして一口大に切る。

「旨いねえ」

「こりゃ、俺が考案した肴《さかな》のベスト三に入るな……」

近くで猫が、羨ましそうに見ている。

四月の終わり、カツオがやってくる

カツオは初物好きの江戸っ子が大好きな魚で、「女房を質に入れても食べたい」なんて昔は言った。今でも、仲卸の店先にカツオが並ぶようになると、一尾をサク取りし、ニンニクをこすりつけて焙《あぶ》った時の香ばしい煙が漂ってくる気がして、心が躍る。それは四月の終わり頃。「目に青葉　山ホトトギス　初鰹」（山口素堂）はあまりに有名だが、「まな板に　小判一枚初鰹」（寶井其角《たからいきかく》）は、河岸があった日本橋生まれの俳人・其角ならではか。

江戸時代、魚屋のまな板に載ったカツオの姿に、思わず小判一枚分の価値を連想したのだろうか。築地魚河岸の王者はまぎれもなくマグロだが、日本橋魚河岸時代の花形はカツオだったのか。

私が初めて触ったカツオは、はち切れんばかりの身がツルッとした肌触りで、紡錘形の魚体の胸ヒレ辺りに堅いウロコが付いている。ウロコといっても、鯛のように魚体にびっしりついているのではない。鎧《よろい》のように胴体を覆っている。

その堅い部分の下に刃物をスッと入れ、そのまま包丁を滑らせて一気に頭を落とし、内臓を抜く。次に左手で背びれを持って魚を持ち上げ、右手の包丁の刃先を尾の付け根にグイと挿し込み、そのまま刃物を下に向けて身を二枚おろしにする。

身が柔らかいので、魚体をまな板に押しつけるのではなく、吊るすように持って一気におろすと身割れしない。またひとつ、魚のおろし方を習得した。

初夏はシンコ

梅雨。肌寒い河岸の夜明けに、仕舞ったジャンパーを取り出してはおる。

「あっ、見つけた！」と、シンコの登場に思わず、長雨の憂さも晴れてしまう。

それくらい、河岸で入荷が待たれる魚。とりわけ寿司屋さんにとって、年に一度の腕の見せどころだ。

「俺はな、シンコの季節になると近所の寿司屋で、おい親父、全部シンコで頼むって言って、年に一度の贅沢をするのさ」

そう言う鮭屋の主がいて、私はシンコの存在を初めて知った。

よし、と意を決してその寿司屋さんの暖簾をくぐり、目の前にチョンと並んだシンコ二貫に驚いた。小振りに握ったシャリにシンコが四枚付けになっている。まるで四枚でひとつの模様を描いているようなシンコがツルリンとシャリを覆っている。

潤いのある表皮は水墨画のようだ。一口頬張ると、魚はなめらかで塩と酢でメられた塩梅もよく、これぞ青魚の握りならではと思った。

年に一度の贅沢というのもうなずける。なにしろひと月もすればシンコは成長して、そのうちコハダになる。コハダはもちろん旨いが、小魚の時期だからこその繊細な舌触りは、一度食べたら忘れられない。

そしてシンコの握りは高価だ。はしりの六月頃、魚はほんの四〜五センチである。よし、私も捌いてみようと、小さなビニール袋一杯のシンコを買ってきて、作業スタート！

よく研いだ小刀で頭を落として内臓を抜き、きれいに三枚おろしにする。いや、できない。皮が絹のように柔らかく、ギザギザに。ノロノロしていたら手の温かさで魚が緩くなるし、かがんだ姿勢で背中は痛くなる。ほんの一〇尾ほどでギブアップしそうになったが、我慢して全部おろし終えたら、ぐったり疲れた。

だが、ここで休んではいけない。きれいに洗ったザル一面に三枚におろした身を並べて、かなり高方から塩を振る。加減がイマイチわからないが、結構、塩できっちりメた魚が好きなので、魚の表皮に塩のツブツブがびっしり着地したのを目視して、時間を計る。

五分おいて……ひっくり返して、また五分おいて……酢に浸して三分おいて……酢から引き上げて一枚食べてみて……ラップにきれいに並べて味を馴染ませる。

ヨレヨレのシンコの下ごしらえが完了。酢飯の上に並べて食べたその不揃いなシンコの丼は、苦労したせいか美味しかった。

その年は、シンコからコハダに成長していく魚を何度も買って、おろして、塩と酢の量と浸透させる時間も自分なりに好みの加減がわかってきて、コハダばかり食べていた。

土用の丑の日、うなぎがくねる

河岸に夏が来る。

ギラギラと照りつける太陽が、大きな角氷の列に乱反射して、眩しい。

面白いのは、魚の下氷用に砕いた氷販だ。場内の製氷会社の二階の窓の下に、メモ帳が紐でぶら下げてあって、階下で注文量を書くと、スルスルと階上の職員が手繰り上げる。

こちらは氷が落ちてくるダクトの下で、大きな発泡スチロールを持って待ち構える。合図とともに大量の氷がドサーッと勢いよく落ちてきて、よろける。

仲卸店舗の中通路は、溶けゆく氷で水浸しだが、石畳のおかげで上手に水が捌《は》けて、水溜《た》まりにならない。

カンカン照りの真夏でも、天井高の仲卸売場は涼しげにみえた。

土用の丑《うし》の日が近づくたびに、川魚専門の仲卸店鋪は戦場になる。腰丈ほどの大きな樽《たる》が店鋪を埋め尽くし、黒々とした太いウナギがはねる、くねる。

私はウナギを買って蒲焼を作ってみようと思った。捌くのに必要な道具は目打ち。活きたウナギの頭を目打ちでまな板に刺して固定し、手の腹で魚体を二〜三度、静かに撫でる。大人しくなったところで、スッと開く様は、仲卸の店先で見かけていたから、「そのとおりにおろしてみよう」と思った。

しかし実際は、逃げるウナギ、追う自分。ウナギは専門の刃物で捌くものなのだと後から知った。何尾かは、まな板から側溝にダイブして下水に消えた。活魚の職人は、きれいに捌くだけではない、苦しめずに捌いているのだと知る。

ウナギに「たいへん申し訳ない」と、土下座したい気持ちだった。なんとか捌いたウナギに串を打つのがまた一苦労で、表皮にまったく竹串が刺さらない。

よく言う「串打ち三年」は本当だと、職人が一人前になるまでの努力を察した。最終的には蒲焼きにして食べたが、それまでの工程を思い返すと複雑な味がした。生きている魚を捌くのはやめた。

「生き血はいるか?」

スッポンも印象的で、二十年経っても忘れることができない。ウナギと同様、川魚専門の仲卸で取り扱われていて、タイミングが合えば、木箱から首を出したり引っ込めたりしている様に遭遇した。

「これって、亀の一種……?」

料亭に行って食べるツテはない。どんな風に料理するのか、どんな食感なのか、気になっていた。

ある日、決心して「ください」と言うや、職人はスッポンを秤《はかり》にかけてから、まな板に移し、甲羅を下にして置き、頸部に刃物を当ててスパッと切った。

「えっ……?」

思わず自分の首筋がヒヤッとした。驚いているうちに、甲羅ごと逆さまにして血を絞り、

「生き血はいるか?」

と問われ、「酒に加えて飲むのだろうか?」と、咄嗟《とっさ》に答えが思い浮かばなかった。

職人は、すぐに甲羅を切り抜いて内臓を出して、これは膀胱とか百尋《ひゃくひろ》(腸)とか説明してく

れたが、動揺のあまりよく覚えていない。持ち帰って土鍋で炊いて、一人で食べた。調理法も知らず、鶏肉みたいだと思った。

それらの事件を除けば、魚をめぐる体験は、すべて今の仕事に役立っている。捌き方は魚により様々だが、捌いた魚の種類が増えるごとに、応用力がついていった。

「どう、切ろうか？」と迷う時に、なんとかする方法がだんだん身について、仕事で大きなしくじりをしなくなっていった。

河岸を歩いていれば、見たことのない魚に毎日出会え、知識は雪だるま式に増えていく。たとえば……虎魚と書いて〝オコゼ〟。全身が棘《とげ》だらけだが、ゴム手袋をはめて、なんとか捌いて唐揚げにすると、びっくりするほど美味しい白身の魚だ。

雲丹と書いて〝ウニ〟。こちらもトゲに用心して殻を開ける。殻ごと焼いて食べると生よりも一層、味が濃くて、時々たまらなく食べたくなる。

鱧と書いて〝ハモ〟。京都の祇園祭に欠かせない魚で、最近は盛夏に築地でよく見かけるようになった。身を開いて皮を下にしてまな板に置き、一・五ミリ間隔で包丁目を入れ、小骨を断つ。

骨切りのザクザクという快音を聞くと、ゾクゾクする。焼きあげられた白い身に、梅をベースにした赤いタレを添えると、断然、食欲をそそられる。

泥鰌と書いて〝ドジョウ〟。生命力があり、酷暑でもバケツの中で元気に泳いでいる。鮎と書いて〝アユ〟。香魚とも書く。苔《こけ》を食べるため香りの良い魚で、六月の解禁とともに浅い板箱に並べられたその美姿は、夏の河岸の風物詩。爽やかな夏の香りだ。刺身でも食べたが、やはり焼くのが一番。例外としては、土鍋で炊き込みご飯にするのが、楽しみとなった。

秋の主役はサンマ

秋になり、北からサンマがやってくる。その時期は、扇状に並んだ仲卸店鋪の、この角にも、次の角にも、その向かいにも、サンマが溢れている。

秋の主役は、間違いなくサンマだ。

塩を振って、ちょっと置き、汗をかいたみたいに魚体から水分が滲《にじ》んできたらコンロで焼く。店先でお昼によく魚を焼き、並びの店に「今日はサンマか?」と、訊ねられる。ひと昔前は、よく焼いて食べるならサンマは苦味のあるワタごと……というのが、お約束だった。豪快に煙をあげて焼いたサンマから脂がしたたり、醤油をかけたら、ジュジュジュッとちょっぴり焦げた良い香り。

家庭で刺身にする時は大型の冷凍サンマを使い、三枚におろして皮をひき、背に浅く切り込みを入れると格好が良い。薬味は生姜・小口ネギ・唐辛子も合う。

棒鮨《ぼうずし》にしても旨い。三枚におろした身は、酢で軽く〆ておく。ご飯を棒状に握ってラップに置いて、横に切れ込みを入れたサンマを上に載せ、クルッと巻いて馴染ませてから切り分け、生姜の千切りを載せる。

昨年（二〇一七年）秋、サンマが記録的な不漁となり、河岸は主役不在に。豊洲移転の延期による暗中模索が続き、移転の当事者である場内はもちろん、あとに残る場外にも不安は蔓延し、築地全体にどんよりとした重苦しさが漂った。

「嫁も食う」秋サバ

サンマと共に秋の代名詞であるサバ。

秋になるとサバは格段に脂がのりはじめ、脂が強いので「大切な嫁に食わすな」というのか、脂がのって旨いから「嫁にはもったいない」のか、昔のことわざは奥が深い。

河岸で高値がつくのは〝関サバ〟に代表される一本釣り・活け〆で、大分の佐賀関で水揚げされることからこの名が付いた。魚のブランド化のはしりで、産地の優れた魚の価値を高めて周知させるこの取り組みは成功し、関サバはメダルのようなタグを付けられて誇らしげにセリ場に並んだ。

この関サバと並び、築地で評価が高いのが、三浦の松輪《まつわ》漁港で水揚げされる〝松輪のサバ〟で、河岸の親父さんたちが「こいつは、いいねえ」と好む。「これがサバ？」と驚くほど大型で立派。薄紅色に輝き、美しい。

宮城・金華山周辺海域で漁獲する〝金華サバ〟も有名。豊かな漁場で漁獲したサバの中で、大きさや脂ののりなどの一定基準を上回る上物のみ選別して、この名を冠する。

東日本大震災の震源地に近く、産地は大きな被害を受けたが、復興とともに再び築地に入荷され、金華サバの名はより知られるようになってきている。

一夜干しの冷凍サバは、塩焼き、味噌煮で食べる他に、〆ても食べる。まず塩を多めに振って、少し置いてから酢にひたして〆る。塩加減は好みで、追い塩をせず、直接、酢で〆る人もいる。

ちなみに「文化干し」という言葉は、かって工場内で機械乾燥が普及しはじめた時に、「なんて文化的な！」という意味で使ったそうだ。今では天日干しは稀少となり、干物のほとんどが文化干しで、冷凍で流通している。

夏の日差しが和らいでくる頃、店先でマコガレイを干す。

朝、仲卸で真っ白で美しいマコを選び、買ってすぐ腸《はらわた》を抜いて塩水に十五分ほど漬けてから、丸い洗濯物干しに、ピンチでとめて軒先に半日干し、お昼に焼いて食べる。河岸に無数の魚はあれど、干して食べるのは、いつもこれだった。

やがて季節は冬へ。北風が吹いてくると歳末の繁忙期が近く、もう魚を求めて歩き回る暇はない。

週末のちょっと贅沢なまかないに、イカのワタと身を合わせて塩辛を作る。そんな時間もなくなると、肝を取り出し塩を振って、アルミホイルで巻いてグリルで焼くだけ。

そんな日々でも、変わった魚に遭遇すれば、つい手が伸びる。ある日は、サメのヒレを見かけたので、「まるで、ジョーズ！」と、つい購入。丁寧に煮たら、おいしい煮こごりができた。

また、「アカグツ」という、赤い円盤に尾ひれが付いたような、手のひらサイズの可愛い魚にも、目を吸い寄せられた。カニみたいなその外殻を剥いたら、身は尾っぽの部分だけで、エビみたい。フライにしたら、ホントにエビフライじゃないかと思った。

季節が巡るたびに魚たちは集散し、思い出せばキリがない。この河岸で、どれほどの魚に巡り合っただろうか。

築地の華、マグロ

仲卸店舗を五〜六年もグルグル歩き回っていると、最初は見えなかったものが見えてきて、たとえば、築地の主役を張るマグロにも種類があることを知る。

「ちょっぴり酸味があるのが本マグロ！」

と、ある日マグロ屋の帳場の姐さんが言った。

「えっ……！　本マグロってなんだろう？」

疑問に答えてくれたのは、通称メカジキ君だった。

「あのですね、築地のマグロの中で中心的存在は、何といっても本マグロ。背中が黒いことからクロマグロともいいます。業者は〝本マ〟なんて縮めて呼びます。毎年初セリで、どの仲卸がいくらでセリ落としたのかがＮＨＫのニュースになる、いわゆる大間《おおま》や三厩《みうまや》のマグロが、本マグロです。冬に向かうにつれ、体に脂を蓄えていくので旨くなる。そのタイミングに正月が重なり、最も旨い時季のマグロが、築地の初セリではご祝儀相場ということもあって、一層の高値がつきます。ただし、なんでもかんでも本マが最上級ってわけじゃあない。夏には夏のマグロがある……」

と、それから小一時間、マグロ話を聞いたのがきっかけで、メカジキ君＝冨岡一成さんと友だちになった。

河岸ではマグロを大物と呼ぶ。メカジキ君は大物業会の職員。仲卸は専業制で、それぞれ扱う魚の業会団体がある。大物業会といえばマグロ専門の仲卸の団体で、他に、北洋物業会・特殊物業会・遠海物業会・淡水物業会・合物業会など。

メカジキ君が働く大物業会は、関連棟といわれる古い棟の二階にある。昭和三十六年築の年代物で、木製の扉をギギギギーッと開け、バタンと後ろ手に閉じると、そこは、植木等の〝社長シリーズ〟を彷彿させるノスタルジックな事務室だった。

奥にはマグロ屋の社長たちが懇談する畳の部屋があり、事務を執るメンバーは、黒い腕カバーとソロバンが似合う懐かしい事務服にサンダルという出で立ちで、部屋に見事にマッチしていた。もちろん、当時はソロバンに代わり、パソコンが活用されはじめていたが……。

一心太助を思わせる元気な女事務員さんが、

「おっ、来たな。このスットコドッコイが！」

と、手荒く迎えてくれる。一方、マグロ屋さんたちは、長靴姿とはうらはらの紳士たちで、よそ者である私はここを訪れる時はいつも、少し緊張していた。

メカジキ君の経歴も変わっていて、前職は博物館員。市場を博物学的な視点でコミカルに捉えていて、その後、築地を読み解くエッセイ『築地の記憶――人より魚がエライまち』（旬報社）を著すこととなる。

私はその頃、場外の組合でお客様から寄せられた質問に答える係となり、メカジキくんに、

「マグロのトロと赤身はどう違うのですか？」

という怖しく平易な質問をしたが、これにもマグロの絵を描いて、丁寧に答えてくれた。

「マグロの魚体を、大きく六つに分けると、背上、背中、背下、腹上、腹中、腹下となります。基本的には脂の少ない背側が赤身、脂の多い腹側がトロで、腹の中心である腹中が大トロとなるわけです。ですが、マグロは工業製品ではないので、一尾一尾脂ののり方は異なり、ここからここまでが赤身と線引きできるわけではありません。

その曖昧なあたりをどちらに振り分けるかは、売り手次第です。漁獲の時季や漁場にもよるしね。ただし客商売である以上、中トロとして売った品を、お客様が赤身と言えば、マグロの生態も含めて十分に説明し、それでも納得していただけない場合は……困りましたね。でも、言い張って喧嘩しないほうがいいと思いますが、いかがでしょうね？」

その話を聞いて、私は鮭にも似たような話があると思った。

「塩辛くない鮭をくれと頼んだのに、辛いじゃないか！」

と言われることがあれば、

「辛い鮭を注文したのに辛くないぞ！」

と怒られることもある。時には「前のほど旨くない」と言われ、この主観的で漠然とした問いの答えに窮する。以前の記憶は美化され、より旨いものへの欲求は強くなる。

苦情の一件は、メカジキ君のアドバイスをもとに返答したら、

「依然として納得はしていないが、ちゃんと調べて答えてくれて、ありがとう」

と言われて落着した。

大晦日、ご褒美のマグロを食す

築地魚河岸の魚の中で、マグロは間違いなく主役である。日本一の集荷力を誇り、業者の数も多く、プロたちによる評価機能も随一。だからこそ、期待も大きい。

私も築地勤めのおかげで、マグロには、ずいぶん美味しい思いをさせていただいている。店の土曜の賄《まかな》いがマグロと決まっているので、鮭に次いで食べた回数が多い魚はマグロである。四季を通じて仲卸で買い求め、本マグロの他に、キワダ・バチなどの種類があることも知った。生と冷凍、天然と養殖……。マグロの世界もまた奥深い。

「今日は、生の本マグロだよ」

と、飯当番に言われれば、心躍るし、冷凍のインドマグロ（ミナミマグロ）は、忙しい時期に前もって買っておけるため重宝している。大晦日の定番は冷凍のインドマグロと決まっていて、大掃除をしている時に、冷凍のサクを塩水で解凍しておき、すべての仕事を終えた後、店先で空いた発泡容器に刺身を盛り、バクバク食べる。

この日のマグロは、辿りついたゴールに待ち受けているご褒美《ほうび》で、美味しいに決まっている。

築地で働いて数年目に、知り合いの職人さんにいただいたヘッドが、ものすごく美味しくて、一緒に食べた同輩と目を輝かせたことがある。「もう一度、あの感動を味わいたい」と、私もご多分に漏れず、再びの感動を追い求めている。

「引いて、返す」という、刺身のひき方も教わったが、板前さんのように、角がピンと立った美しい刺身はいまだに造れない。

私の得意料理はマグロのタタキだ。中落ち・ヘッドなど、サクにならない筋の多い部位の身を丁寧にスプーンで掻《か》き取り、まな板にこんもり盛る。これを、包丁の重みに任せてバシバシバシとリズミカルに叩いて、筋が舌に残らないように細かく刻む。ねっとりとしてきたら、千切りした大葉を加えて仕上げる。大葉がない時は、かいわれ大根でもいい。

築地市場

仲卸店舗から市場入口へと続く大通路。高天井から差し込む陽光が、木漏れ日のように美しい。

賑わう築地魚市場。昭和37年頃の場内を行きかうオート三輪が懐かしい。

小車の格納場。赤や黄色のペンキで店の名を堂々と書いてあるから、間違えることは絶対にない。

仲卸店舗棟の内側通路を行きかう市場特有の二輪運搬車「小車」。発泡スチロールや木箱を山と積んで、縦横無尽に配達に回る。

開場当時に敷かれた仲卸店舗通路の石畳。手作業で造られた貴重な史跡である。

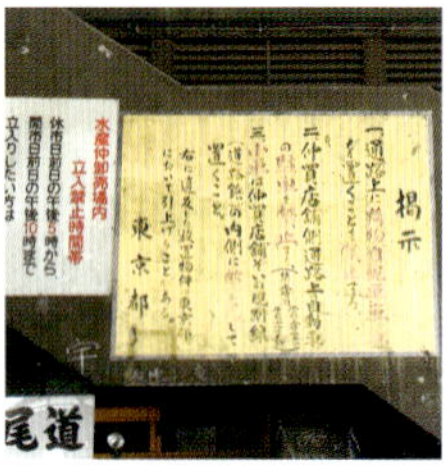

仲卸店舗棟の壁面。いつ頃書かれた掲示なのか、市場には筆文字が似合う。

築地市場水産仲卸。昭和32年当時の仲卸店舗の様子がよくわかる。

仲卸棟の午後。朝からの仕事が一段落し、清められた店舗は美しい。

機能美を誇る、鉄骨むき出しの荷捌き施設。「クジラのお腹の中にいるみたいだね」という言葉に頷く。人々の深い愛着が染みついている。

荷捌き場での憩いのひととき。繁忙期は戦場のようになる。

荷捌き場からターレが行き来する通り道。いくらペンキを塗っても、洗っても、海水で錆びるのが市場。

築地魚市場。昭和32年当時は、荷捌き場の荷はすべて木箱である。

ハモ、カキ、ウニなどを扱う、不思議な多角形のセリ場。早朝の真剣勝負が終わり、静かなたたずまい。

柱の曲線が美しい卸会社各社の棟。急階段を降りると、セリ場の雑踏に行き着く。

卸会社の共同セリ場。

築地市場。昭和54年当時のマグロのセリ風景。

築地魚市場。昭和32年当時の合物（塩漬けの魚）のセリ風景。

築地市場鉄道引き込み線。昭和55年当時は貨車が市場まで届いていたことがわかる。

旧プラットフォーム下の重機格納場所。ターレやフォークリフトに踏みしだかれ、ボコボコにコンクリートの床が凹んでいる。

柱に付けられた番号をめざし、違えることなく荷物が着く。

昭和６年から62年まで、汐留駅からの貨物引き込み線により全国の荷が市場に運ばれた。その痕跡が残る、引き込み線のプラットホーム。

冷凍庫だが、昔ながらで冷蔵庫と呼ぶ保管棟。毎日ここから店に荷を運ぶ。私が利用する冷蔵会社は午前1時から早出しが始まる。市場は眠らないのだ。

正面に郵便局の目印が見える。右の建物は青果棟。築地市場には診療所も銀行もある。人は住んでいないが、ひとつの特殊なまちである。

築地市場の誕生とともに作られた遥拝所・水神社の横にある飲食店看板。看板の左上の「吉野家」は、あの吉野家の1号店だ。

築地市場内の小飲食店。昭和32年当時、飲食棟は日本家屋である。36年頃、現建物に建て替えられたとのこと。

築地の華・マグロの仲卸の団体を大物業会といい、事務所は銀鱗会と渡り廊下でつながっている。

築地市場内にある図書室、銀鱗会。

ふぐが毒を除去される現場。関係者以外、入ることはできない。

塩干を扱う自分には、最も縁遠い活魚の卸売場。仕事で訪ねたことはないが、時折、自転車で通り抜ける時、ビチビチッと魚が跳ねていた。

築地川東支川。埋め立てられる前の築地川を海幸橋から見た昭和57年の写真。

中央卸売市場の一角。氷売場という看板が昭和32年、という時代を感じさせる。

昭和初期、ヨーロッパ視察をもとに最新技術を駆使して建設された築地市場。曲線と直線の織りなす美観が見事だ。

私が暮らす勝どき側から隅田川対岸の場内を望む。夜半、荷捌きが続き、早朝のセリに間に合わせる。

朝の築地市場。昭和37年頃の写真だが、フォルムは今も変わることなく美しい。

第4章

鮭は人と人をつなぐ

築地の市場人の多くが産地を訪れ、自分の商う商材について学ぶ。産地の人々もまた、築地を訪れ、獲った魚の扱われ方や値段を知る。両者の交流が市場と産地それぞれのノウハウを培っている。私もそんな先人たちを追うように、産地へ向かうようになった。

魚を獲る人との出会い：宮城県牡鹿半島

二〇一一年三月十一日午後三時、通常通りの時間に閉店し、所用で組合の事務所二階にいた。ほどなくグラッと揺れ、身構えた時にさらにグラグラと建物全体を揺るがすような、気味の悪い揺れがぶり返した。

階下に降りると、通りの皆が一斉に店や事務所から飛び出し、電柱の揺れを不安げに眺めていたが、東北に大きな被害をもたらした東日本大震災であることは想像できなかった。

都心で一斉に電車が止まった。まだ帰宅ラッシュには間があったが、隅田川の対岸から有楽町・東京などターミナル駅をめざす人が増えて、晴海通りの歩道が人波で溢れはじめた。自宅の勝どきへ向かうと、人の波に逆行することとなり、ようやくことの重大さに気づき、築地に引き返した。

その晩、都心に多くの人が留まった。近隣の京橋築地小学校も築地本願寺もただちに開放して、帰宅困難者を受け入れ、私は消防団員の一員として小学校で警備の任につき、寒い朝を迎えた。

早朝のニュースに居合わせた皆が驚愕した。燃える気仙沼。福島をめぐる混乱。早朝に東北からトラックを迎える築地にとっては他人事ではなく、三陸の多くの荷主とは連絡がとれなくなった。場外では組合の若者たちを集めた席で理事長が言った。

「我々は長年、東北の産地の皆さんにお世話になってきている。だから、今私たちができることを考えてくれ」

その言葉に従い、募金活動と炊き出しをスタートさせた。訪ねた先は宮城県牡鹿《おしか》半島で、その後、何度も行き来して私は多くを学ぶこととなった。

牡鹿半島へは石巻から車で一時間ほど。くねくねと曲がる道なりにハンドルを切り、見え隠れする海を右手に半島を半周すると、かつて捕鯨基地として栄えた鮎川港に着く。鮎川の先には孤島・金華山があり、この近域で漁獲される真サバは金華サバとして価値が高い。

東日本大震災の震源地は、金華山沖東南東一三〇キロであった。あたりの海域は親潮と黒潮が出会う好漁場で、牡鹿の海沿いには豊かな漁場が点在している。漁獲に加えて近年は鮭・カキ・ワカメの養殖も盛んで、春ワカメの刈り取りが始まって間もない時季に地震は起きた。

牡鹿半島の中ほど小渕浜《こぶちはま》に「あたご荘」という、漁師さんが経営している民宿がある。津波で一階は見事に波にさらわれて抜けたが、二階が残った。周囲の個人宅は全壊したが、この民宿は駆体を残したため、各地から集まったボランティアの人たちが寝袋と自炊道具を持参して寝泊まりすることができた。

そこに度々泊めていただいた。地元の漁師さんたちは復興に全力を尽くしていた。命からがらの避難の後、船主は漁どころか、海中の瓦礫《がれき》除去の毎日だったが、その隙を縫うように船の修理や道具の手配を進め、漁への復帰を模索していた。

漁業再開にはまとまった資金が必要だが、災害補助金の支給の手続きは煩雑で、時間も要する。働き盛りの人たちは、プレハブの仮小屋で戦地さながらの暮らしを続け、自力で一歩ずつ前へ進んでいた。

彼らは家長であり、地域の担い手である。子どもは石巻や仙台に移して学業に専念させ、親世代の老漁師さんたちの分まで慣れない書類仕事を引き受けた。苦労して漁の再開にこぎつけると、今まで経験したことのない放射線量の測定に苦慮した。難問続きの中、立ち止まることなく働き、夏は真っ黒に日焼けし、真冬の潜水漁では文字通り命を削った。

体当たりで復興へと向かう姿が、結果、多くの人を惹きつけた。ボランティアで長期滞在する人、チームを組んで定期的に訪れる人、職業も年齢も様々だった。震災前には一面識もなかった同士だから、行き違いも多々あったが、多数が関わることにより成果も失敗も撚《よ》り合わされ、舫《もや》いとなっていたように思う。

週末ごとに東京から車を駆って訪れ、丸一日働いて帰っていく人と同宿した日もあった。「することがあるうちは来る。その後に民宿が再開したら今度は遊びに来るつもり」との言葉通り、彼はある一定期間、黙々と通いつめ、今も交流があると聞いている。

震災から一年半経ち、二〇一二年の秋、私は築地で子ども料理教室を担当することになった。季節柄、鮭といくらの親子飯を作り、その折に小渕浜の漁師、後藤幸市さんの鮭漁を撮影したビデオをみんなに見てもらった。子どもたちは、この海で震災が起きたことや、漁師さんが仕事を再開していることを知り、「がんばってください」と率直な感想を色紙に書いて、後藤さんに贈った。私は一緒にビデオを見ながら、子どもたちと同じように再開を祈ったが、その時初めて意識したことがあった。

自分は毎日鮭を切って売っている。だから鮭は商品で、お客様に切り方が上手いと褒《ほ》められることが嬉しく、「美味しかった」と言われることがゴールだった。

ところが映像の鮭は生き物で、悠々と泳いでいた瞬間、網に引き上げられ、ピチピチ跳ねている。さらに驚いたことに、鮭は後藤さんというひとりの人間が獲っているのだ。それ以前、私は鮭がひとつの命で、獲る人がいるから売ることができるという事実に関心を持ったことが一度もなかったのである。

このことがきっかけになり、私は鮭の産地を訪ね歩くようになった。今でも知らないことは多く、各地で頭を下げて教えを乞うている。

当時、小渕浜に通った多くの人が、いまだに心の中で小渕浜を第二の故郷のように想っている。それは、理由は各々異なるにせよ、得たものが大きかったからだろうと思う。

その後、築地の組合の防災部で小渕浜を訪問させていただいたこともある。

「東京で地震が起きたら、逃げてくればいいいっさ」

と後藤さんは屈託のない笑顔で語るが、災害に関しては誰もが明日は我が身。本当にその日が来るかもしれない。

鮭を寒風にさらす：岩手県大槌

「南部《なんぶ》鼻曲《はなまが》り」。鮭の名前である。

初めて食べた時は、「あれ？　鮭で作ったクサヤ？」と思った。

渋い？　いや違う。しょっぱい？　それも違う。魚のぬか漬け？　発酵食品？　正解に近づいてきた。

食べた場所は市場の図書館、銀鱗会《ぎんりんかい》。図書館長の福地享子さんが「ちょっと食べてごらんなさい」と差し出した焼き鮭ひと切れ。

こんがりと焼きあげた分厚い皮、くすんだべっこう色の身。明らかに通常の塩鮭とは一線を画している。忘れられない強烈な味であった。

最近のトレンド鮭といえば、ノルウェー・サーモンあるいはチリ銀などの所謂《いわゆる》サーモン。その新顔とは立ち位置が異なる、見かけも味わいもハードボイルドな焼き鮭である。

もっと驚いたのは、その鮭一尾丸々の姿で「まるでミイラ！」。眼は落ち窪《くぼ》み、口はカッと開き、ヒレは刃物のように尖《とが》って硬い。エラに荒縄を通して吊るした姿は、明治期の画家、高橋由一《ゆいち》の代表作「鮭」のようで、度肝を抜かれた。

「おやおや、この鮭を知らないとは、あなたまだトウシロですな！」

と福地館長。

「うぐぐ……チョットお尋ねしますが、これ何ですか？　姉さん」

「だから、シロウトだって、言ってるんでしょ」

強烈な味の記憶に、釈然としない日々が続いた。

一週間後、銀鱗会を再び訪ねた私は、福地姉に頭を下げた。

「この鮭を作っている人を紹介してください」

「では、大森さんのところへ行ってご覧なさい」

私は水産物市場改善協会の大森良美さんを訪ねた。彼女は「日刊食料新聞」の記者を経て現職に就き、魚の普及に務めている。震災後は築地で働く女性がネットワークを作って物資や募金の収集と配送を続けており、福地さん、大森さんとともに活動の中心となっていた。

岩手県大槌《おおつち》町の漁業関係者の方々とは、この活動が縁で交流が続いており、私がご馳走になった鮭も、物資寄贈のお礼として届けられたものだった。まもなく大森さんに同伴していただき、大槌に向かった。二〇一四年初夏、震災から三年が経過していた。

東北新幹線の花巻で釜石線に乗り換え、緑豊かな遠野を越えて終点釜石までおよそ四時間半の旅である。釜石駅で大槌の産地買受人である佐々木隆治さんの笑顔に迎えられた。

「よう来た、よう来た」

親戚の叔父さんのような温かな言葉は復興の苦労を感じさせないが、語られた現実は厳しいものであった。

大槌は釜石の北に位置し、古くからの好漁場で漁業を生業《なりわい》としてきた土地である。戦後は大型定置網により漁獲高が向上し、さらに遠洋漁業の基地としての繁栄で豊かな時代が続いた。ところが戦後、二〇〇カイリ問題が浮上し、排他的経済水域が設定された。これまでのような自由な漁が制限されて徐々に厳しい状況となり、今回の津波で未曾有《みぞう》の危機に見舞われた。

死者・行方不明者合わせて一二八五人。二〇一〇年の町人口が一万五二七六人だから、一割弱の人口が失われたことになる。津波は内湾から大槌川の河口に沿って遡《さかのぼ》り、まちの内側を大きく抉《えぐ》った。

町庁舎にも襲いかかり、町長はじめ行政に携わる人々をのみ込んだ。庁舎は内部がすっかり抜けたが駆体は残り、建物中央に掲げられた時計の針が震災時の十四時四十六分頃を指して止まった。

さらに漁協の破綻という衝撃的な事実で、この町の名は全国に知れわたった。二〇一二年十月の水産業界紙トップの大見出し「大槌町漁協破綻」は、記憶に新しかった。

折からの資金繰りの悪化に津波での被害が加算され、債務は一五億五〇〇〇万円に達した。もはや自力復興は不可能で、負債を抱えたままでは補助金も融資も得ることができないため、解散となったのだ。

新たに設立された新おおつち漁業協同組合の組合員は二〇〇人。現地のセリ場を訪ねた私は、まだ盛り土されたままの剝き出しの土地、壁もない吹きさらしの作業場を見て、復興は「遅れているというより、まだ始まっていない」という印象を抱いた。

遠く離れた東京では、震災はとかく過去の悲しい出来事として語られはじめていた。テレビ等の報道は続いていたが、「あれから何年」とか「あの時は」というフレーズが、ここでは違和感があるように思えた。

このまちで水産に携わる人々は港の周囲に仕事場を構えていたが、ほとんど津波で流され、仮設のプレハブで仕事を継続しつつ、復興をめざしていた。私たちが築地で食べた南部鮭は、ここで作られたのだ。

究極の保存食・南部鼻曲り

大槌には、鮭漁の長い歴史がある。かつては大槌川と河口から分岐する小鎚《こづち》川に遡る鮭を漁獲し、それは米収穫を終えた農家の晩秋の副業であったという。

江戸時代初期、大槌《おおづつ》城主である大槌孫八郎正貞は、獲った鮭を塩蔵加工して商船で江戸に送ろうと思い立つ。長時間の配送に耐えうるように、塩蔵した鮭を塩抜きした上で寒風にさらして水分を抜いた。

この製法により、鮭本来の旨味に、塩漬けと寒干しで醸成される独特な風味が加わった。今も、作り手一人ひとりが先祖から受け継いだ伝統の味を守り伝えている。

鮭は海にいる間は回遊に必要な脂を体に蓄え、四年後、十分に成熟して故郷へ向かう。最後の大仕事である産卵とその直後の死に至るまでの残りの時間は体内時計にセットされており、本能に従って川に近づくと食を断つ。

オス鮭同士はつがいとなるメスを得ようと互いが闘うため、河口に近づくにつれ鼻柱が伸びて、牙が鋭く尖ってくる。

この頃の鮭が、脂が適度に抜け落ち、干し鮭を作るのに適している。南部鼻曲りは、自然の摂理を上手に利用して作られた究極の保存食である。

大槌に鮭が戻ってくるのは、十一月から十二月。今は港に近い定置網で漁獲された鮭を使い、その日のうちに内臓を除いて、丁寧に身に塩をすり込む。そのまま一週間くらい塩漬けにした後、一晩流水でさらして塩分を抜き、さらに魚体を手作業で磨いて余分なぬめりを除去する。

ちょうどその時季、〝やませ〟という乾いた冷たい風が山から吹き下ろす。米にとっては冷害をもたらす不穏な風だが、鮭を干すには絶好のコンディション。寒風にさらされ、鮭は死してなお、自らの身に旨味を醸造する。

佐々木さんの作る南部鼻曲りは美味しい。食べたことのない味に当初は驚いたが、次第に忘れがたい味となり、今では十二月が近づくと待ち焦がれる味である。

築地の店で販売を始め、当初は切り方にも難儀した。とにかく皮が堅くて鮭出刃の刃がたたない。骨は堅く、刃先がすぐ摩耗する。佐々木さんに慌てて電話をすると、

「あーそっか、じゃあ、パン切り包丁で切ってみて」

「え？　こんなごっつい鮭を、ペラペラのパン切りで切るんですか？」

「そうそう、じゃあやってみてね」

私は慌ててパン切り包丁を買って、刃を魚に当ててみると、不思議なことにスイスイ切れるではないか。強面《こわもて》の出刃でも刃がたたなかった魚が、ギザギザの薄い刃に制されるとは驚きであった。

そのうち岩手出身のお客様たちから問い合わせがくるようになった。

「子どもの頃から、南部鮭をいただいていました。この年になりまして、少々体調がすぐれない折でも、この鮭が一口でもあれば、ご飯を食べることができます」

と、ご高齢のご婦人からも連絡をいただいた。

「僕は釜石出身だから、この鮭で育ったんだよ」

と、銀座の消防団員仲間から声をかけられたこともある。

鮭は人と人をつなぐ。

震災後は鮭の帰還に気を揉む年が続いた。孵化《ふか》した稚魚が津波で流されたため、四年後に帰還する鮭がどれぐらいなのか予測できなかったが、尾数を減らしつつも鮭は帰還した。

そして五年後の二〇一六年は海が温暖化して鮭漁は不漁となり、昨年も不漁が続いた。魚は海の変化に従い、人間は待つことしかできない。

サケであーんす：新潟県村上

二〇一五年の十月末、私は新潟県村上市の三面川《みおもてがわ》に沿って、自転車を駆っていた。里の柿の実はすでに色づいているが、川沿いは緑が鬱蒼《うっそう》としている。人通りもなく、少し心細くなった。

宿泊した旅館で、鮭の孵化場への道を尋ねると、河口から自転車で十五分ほど川沿いの道を登ったところにあるとのことだった。自転車は村上駅で借りたレンタサイクルで、このまちを自由に動き回るには最適の乗り物だった。

村上は新潟随一の鮭の町で、私の店も村上の鮭を扱っている。一度訪ねてみたい土地で、特に三面川を上る鮭の姿は日本の風物詩とも言える光景ではないかと、かねてから憧れていた。『日本のサケ』（市川健夫著／ＮＨＫブックス）によると、昔、このまちで採卵したあとの鮭を集落の人々に配る際に、

「サケであーんす」

とのふれ声がかかり、大漁の日には、

「折り返しであーんす」

と、さらに何度もふれ声がかかったという。

ペダルを漕ぎ続けると、突然、「鮭販売所　三面川鮭産漁業協同組合↓」と記された手書きの看板が見えてきた。簡素な小屋には、ペンキで「新潟県農林水産業振興事業 さけ ふ化施設」と書かれているが、長年の風雨にさらされて、半分文字が消えかかっている。おそるおそる中を覗いた時、私は仰天した。

鮭が並んでいる。鮭なのだが、私が今まで見たこともない姿形をしていた。頭が真っ黒。胴体は腹側が黄色に変色し、背側はまだらに赤黒色を帯びている。全身がヌラヌラと光り、怖いけれど美しいと思った。これが、産卵期の鮭の姿であった。

こうした鮭は市場的な価値がないため、一度も見る機会がなかった。

あっけにとられている私の横を、バスから降りた地元の小学生たちが軽快な足取りで通り越していく。つられて後を追うと、川沿いの「ウライ」とよばれる堰堤《えんてい》の柵に小舟が着き、鮭を水揚げしていた。

オス・メスに仕分けされるが、まだピチピチと跳ねる。跳ねた魚の頭を男が棍棒《こんぼう》で殴りつけて撲殺している。この状況を小学生に見せるのはいかがなものかと思ったが、実は魚体が傷つかず自然死よりは楽だそうだ。皆、行儀よく説明を聞いていて騒いだりしない。大人が気を回して隠し立てする必要はないようだ。

孵化場に入っていく子どもたちの後に続いた。メス鮭が作業台に横たえられ、よく切れる刃物で腹を割かれて、その瞬間ルビー色のイクラが溢れる。卵は十分に成熟し、鮮やかに色づいている。手際よく卵は取り出され、青いポリバケツにイクラが並々と湛《たた》えられた。

次にオス鮭が、尾を下にしてバケツの上に掲げられ、腹を両側から押される。すると、まるでミルクのように白い液が絞り出され、イクラの上に降り注がれた。これを手早く、まんべんなく攪拌《かくはん》する。

腹を切り裂かれたメス鮭も、腹を絞られたオス鮭も、もはや動くことはない。親の命は絶たれ、その瞬間にバケツの中では、一つひとつの卵にいち早く突入した精子が新しい命となり、鮭の一生が始まっているはずだ。

組合は、一シーズンに一〇〇〇万粒を採卵して孵化させ、春まで大切に育て、五センチに成長した稚魚約八〇〇万尾を放流するそうだ。放たれた小さな鮭たちは河口から大海へ向かい、四年間北太平洋を回遊した後、産卵のために再び故郷村上へ向かう。

もちろん本来、鮭は自然交配で子孫を残してきた。

日本の川を故郷とする秋鮭は、基本、一夫一婦制である。川を遡り、産卵に適した清流の川底に居を定めると、メスが自ら尾で砂を掘って産卵床を作る。オスは外敵のみならずライバルのオス鮭と闘い、パートナーを確保する。産卵場が仕上がると満を持してメスは放卵し、寄り添うオスが精子を放出する。

一尾のメスの卵数はおよそ三〇〇〇個。二回、三回と営みを繰り返し、親鮭は力尽きて生涯を終え、川に漂いクマなどの食糧となり、また土に還って大地を肥やす。

土地の子は「鮭の子」

村上では、江戸時代すでに、藩の財政を支えていた鮭が乱獲により減少していた。そこで藩士、青砥武平治の考案により、三面川に支流を作り、鮭が産卵するための「種川」を保護した。産まれた川に帰還する鮭を減らさず、鮭を取り続けることが可能となった。今で言う〝持続可能な開発（sustainable development）〟だろうか。市の記録では、その後、明治十一年には人工孵化事業がスタート、明治十七年には七三万尾の漁獲量を記している。

長い年月、鮭は村上を支え、精神的なバックボーンとなった。土地の子は「鮭の子」と若鮭に例えられ、鮭が大海を旅するように広く研鑽《けんさん》を積み、一人前に成長して故郷の繁栄に力を尽くすことが望まれた。

〝塩を引く〟という加工法は、鮭を塩漬けして、干す前に余分な塩を抜く行程を意味し、東北でも北海道でも行われているが、「塩引」といったら村上というくらい、村上の塩鮭は「塩引」の名で全国に知られている。

藩主導の地場産業であった歴史を反映して、鮭を捌く時は現在でも腹の皮を一部分切らずに残す。切腹は武士にとって縁起が悪いからだ。また、首吊りを忌み、尾を上にして干す。これも村上ならではの風習だ。

私が店で販売する村上の鮭は、腹側の皮がうっすらとべっこう色で、エラには干した際の荒縄がそのまま巻かれている。身は程よく干しあげられていて、磨きも丁寧で上質だ。

この鮭を切る際、腹皮のつながった部分を目にすると、なんだか厳《おごそ》かな気持ちになる。身の肌触りや切る感触を通じて、土地の長い歴史や加工業に携わった人たちの誇りを感じる。

村上の長い鮭との関わりは、この土地に多くの鮭料理をもたらした。私は孵化場を出ると、自転車を走らせて古い町屋が連なる旧市街地を訪ねた。道すがらの町屋の二階の軒下には、冬になれば鮭を並べて干す光景が見られるそうだ。

郷土料理店で鮭のフルコースを頼む。

これぞ伝統という塩引の〝焼き鮭〟、さらに長期間干した身を薄切りにして酒に浸した〝酒《さか》浸《びた》し〟、焼いた鮭をだしに漬けた〝焼漬〟、鮭といくらの〝はらこ飯〟、その他にも〝氷頭《ひず》ナマス〟などの珍味がズラリ。

この時供された塩引は築地に持って帰り、店で食べた。焼き冷ましなのに、日を追うごとに旨味が増すように感じられる。江戸時代の武家の作法では一人ひとりが箱膳で、正月の年取り魚の焼き鮭は三が日、少しずつ食べては仕舞い、大事に完食したそうだが、それも塩引なればこそと、実感した。

さらに町屋を自転車で走り、知り合いの業者さんの加工場を訪ねてみることにした。

「どうしたんですか、突然！　市場の人っぽいなぁ」

と目を丸くした彼も、築地の私の店にはいつも突然、現れるのだ。「お互い様でしょう」と笑う。市場では日々無数の人が行きかうが、出会うのはその一握り。縁があるということだ。

私はその後、度々、村上を思い出す。孵化場で腹を割かれた鮭は子孫を残すことができたが、自ら望んだ方法ではない。その鮭たちに私の生業は支えられているのだと思う。

鮭漁の現場を見る：北海道猿払

二〇一六年秋、日本最北端、北緯四五度三一分一四秒の宗谷岬から二七キロ南下した猿払《さるふつ》で、漁船第五十六榮光丸に乗船した。

九月下旬の夜明け前、ヤッケにゴム長、救命胴衣を着ていても、海上では道北の風が冷たかった。定置網に向かい十五分ほど沖に走行し、東から真っ赤な太陽が上りはじめた時、船主の永井英俊さんがエンジンを落とした。

漁の始まりだ。乗組員は男ばかり十数名。朝日を全身に浴びて、船べりに一列に並ぶ。徐々に狭められていく落とし網を、親方の掛け声も勇ましく手繰り寄せ、網にかかった魚の姿が見えてくると、今度はすくい網の登場だ。

まるで運動会の玉入れのゴールよろしく、鮭をすくいとっては、動力で船上に引き上げる。ひと網に二〇～三〇尾がすくい取られるように見える。氷を満載した船倉の蓋を開け、網の底を開けば氷水の中に鮭が躍り出る。

定置網漁はこの繰り返しだ。動きは素早く、全員が息を合わせ、手を休める者はいない。みるみるうちに、船倉は魚で満たされていく。

定置網は、魚に優しい漁法と聞いていた意味がわかった。魚たちは漁獲直前まで、網の中で泳ぎ、そのままそっと水揚げされる。流し網のように網に引っ掛けられたままで悶死し、海中を引きずられることはない。

河口近くの海中に、手編みと呼ばれるカーテンのような網をしかけておく。すると故郷の川へ帰還しようとする鮭が、カーテンに沿って泳ぎ、自然に銅網と呼ばれる大きな囲いの中に誘導される。銅網の奥にはジョウゴの口のような入り口があり、入ると落とし網という奥の間のような網に誘われ、もう後戻りはできない。くるくると網の中を泳ぎ回り、引き上げられるのを待つばかりである。

引き上げられた魚は、直後は激しくバタッバタッとのたうつ。勢い余って甲板に飛び出す魚、まれに力の限り跳躍して海中に戻る魚もいるが、船倉の氷水に収められると、まもなく大人しくなる。どんどんと船倉に詰め込まれていく鮭。今日は豊漁であることが素人目にもわかる。

すでに太陽は上り、一度目の網上げが終わる。定置網は左右対称に二つの網が配置されており、場所を移動して二回目の網上げが行われる。

二時間後、船は港に戻る。そこからがもう一仕事だ。甲板の重い鉄蓋を開けると、再び鮭が最後の力を振り絞り抵抗するが、もう逃げることは叶わない。岸壁に横づけされた船から選別用の大きな台に鮭がリレーのバトンよろしく、次々と受け渡される。

待ち構えるのは船長以下、選別を担当する三人のベテランで、オス、メス、大きさ、傷のあるなしなどを瞬時に見分けていく。斜めに傾斜した台から魚は滑り落ちて、コンテナに収められる。

海の生きものが、商品となる瞬間だ。

乗組員たちは、船上でも陸でも互いの動きを熟知し、手から手へ、魚はまるで流れるように受け渡されていく。ここで魚体を傷つけずに丁寧に扱うことで、最終的に塩鮭になった時の品の優劣が決まると思う。

魚の品質を守るのは、関わる人すべてだ。漁獲、選別、トラック輸送、内臓除去、塩漬け加工、保管、販売……それぞれのプロの手によって、魚は消費者の手元に届く。その第一走者が永井さんたちで最終走者が私たちだと、実感する。

神の魚（カムイチェプ）

北海道の鮭漁の歴史を遡れば、アイヌの漁法と食文化を知ることとなる。本州からの入植者が北海道に足を踏み入れる前、この地では永くアイヌが自然と共存し、越冬のための主な食糧は鮭であった。それゆえ、鮭は「神の魚（カムイチェプ）」と呼ばれた。

秋になると、ヤナギなどで作った直径三センチほどの木の棒を腰にさして川に入り、鮭の頭をその棒で叩いて殺し、漁獲した。棒は鮭漁のためのもので、他の棒を用いると神様が怒って、鮭をよこさなくなると信じられていた。

当時は、秋になれば川は鮭の大群で溢れかえったそうである。その後、アイヌは〝マレップ〟という鉤銛《かぎもり》を取りつけた木の棒を使うようになった。長さは三メートルくらい、この棒で川中の鮭を狙い、うまく魚体を突くと、先端が鉤状に湾曲しているので、抜けない。ただ頭を叩くだけの古式な漁に比べれば、格段の進歩であった。

さらに複数で鮭を獲る方法を思いつく。〝ウライ〟といって、日本語では「梁（やな）」と訳される。竹やヤナギを編んで囲いを作り、川の左右を石などで堰《せ》き止めて中央の魚の通り道にこのウライを仕掛ける。

魚はここを通り上流に向かおうとするが、網に入れば逃れることはできない。部落（コタン）で村人が相談して仕掛け、漁を始める前には長が神に祈りを捧げ、最初に獲れた鮭は神に捧げた。鮭は、神からの贈り物であった。

厳しい冬を迎える前のひと時は、干し鮭作りで忙しくなる。屋外の天日で干す「干し魚」は、私がいま店で販売している干し鮭「トバ」（冬葉）の原型だ。適度に干すことにより旨味が増して、噛みしめると鮭ともイクラともつかぬ滋味深い味わいだ。この旨味は、昔とさほど変わっていないだろう。

また当時は家内の中心が囲炉裏で、秋鮭を獲る頃から火を入れ、暖をとっていたはずだ。屋内に鮭をつるしておけばそのまま燻製《くんせい》になり、子どもたちは母親に食べたいとねだっただろう。まもなく、北海道の短い秋が過ぎると、気温が零下になる。初冬に獲った鮭を屋外に吊るしておけば、カチンカチンに凍り、これを切り分けて食べる場合もあった。「ルイベ」の原型である。

私はこの秋、アイヌの味を知りたくなり、標津《しべつ》のサーモンミュージアムで秋鮭のルイベを食べてみた。こってりした養殖サーモンに比べれば脂は少ないが、当時はご馳走だったに違いない。頭部や骨を出汁としたのは、今の私たちと同じだ。

アイヌは食糧としてだけでなく、鮭皮でブーツを作った。標津のミュージアムでは、このブーツ〝ケリ〟を見た。鮭の胴体丸々一尾分を広げてなめし、足を包むような形に成形する。甲の部分には、半身分の皮を長細く切って合わせ、底と甲を縫い合わせると片足分が出来上がる。圧巻は底部分に縫い合わされたヒレで、これが凍った地面を歩く時の滑り止めになっている。

ふくらはぎを覆う上部の縁は布で補強され、アイヌの独特な文様が縫い取りされている。昭和五十年に亡くなったアイヌの女性が、最後の作り手だったそうだ。

鮭が凶漁の年は餓死者が出ることもあったという。アイヌにとって鮭はまさに神がもたらした命の糧。広い大地で魚と人が共に生きてきた長い歴史を知った。

江戸初期から、北海道への入植が始まり、命知らずの和人の商人たちとアイヌの間に干し鮭を中心とした交易が始まり、和人から伝えられた漁具によって大漁が始まり、また松前から塩が運ばれて鮭の塩漬けが始まった。十八世紀末には、荒巻鮭が製造されるようになった記録がある。

その後、和人によるアイヌからの略奪、明治二十年代をピークとする河川での乱獲による鮭の激減で人工孵化がスタート。漁法も地引網から延縄《はえなわ》漁へ、動力の導入により遠洋での漁が可能になると流し網漁で漁獲高は伸びるが、太平洋戦争により鮭は再び減少に転じた。

戦後は水質汚染とダム建設などの近代化によって鮭の遡上は断絶し、人工孵化と放流が、資源としての秋鮭を存続させている。秋鮭漁は定置網漁が主流となり、現在に至っている。定置網漁が発達したのは、戦後に化繊が普及し、天然麻などを使用していた戦前に比べて、網やロープが格段に高性能化したからだ、と永井さんは言う。

鮭は海が荒れると動きが活発化することから、沿岸とはいえシケに耐えうる丈夫な網が必要で、この大型網を設置するためには、多額の資金が必要だ。設備投資したはいいが不漁だったり、台風で網が破損したりで、資金回収がままならない可能性もある。

永井さんは、祖父の後を継いで漁業に着手した、北海道沿岸漁業の若き担い手のひとりである。猿払の沿岸は水温も低く、将来が嘱望されている。

船から降りた永井さんが、

「実は今日、長男が産まれました。これから顔を見に行きます」

と顔をほころばせて言う。産地を訪ねると、思いもかけずそんな朗報にも遭遇する。命は受け継がれていく。

ロングセラー〝本紅〟が消えた日

築地の鮭専門店である当店には一年中、様々な鮭がお目見えする。折しも二〇一六年秋、鮭のオールスターズが店頭に出揃う季節。ロングセラーの有力品目〝本紅《ほんべに》〟がひっそりと姿を消した。

そもそも紅鮭は日本の海域にいる鮭ではなく、もっと北、つまりロシア・カナダ・アラスカの、行き着く先に湖がある川を遡る鮭だという。

〝本紅〟とは、その紅鮭の中でも日本船が漁獲した旨い紅鮭＝日本の紅鮭、と先輩の鮭屋から教わった。紅鮭の歴史を調べようと思ったのは、長年売り続けていたこの紅鮭の販売終了がきっかけであった。

鮭を切りはじめた当初、私は本紅が苦手だった。大きくて重たい魚体。全体が押して潰したように平べったい。まるで魚の漬物……。そろそろ鮭にも慣れて、たいていの鮭は難なく切りわけられるようになった頃、切り損じるのは必ず本紅だった。

二枚おろしの際に、包丁が骨を探り当てられず、上へ流れたり、下へ滑ったり、四苦八苦している姿をお客様に見られるとさらに緊張した。二枚おろしが上手にできても、お次は切り身にする際に、棒状に細長く切ってしまう。

完全にお手上げの切り損じを、自分で買い取って食べると、これがまたしょっぱくて、悲しくなった。

数年の格闘が続き、回を重ねて上手に切れるようになると、本紅がことのほか美味しく感じられるようになった。ただ塩辛いだけではない。熟成した塩の円味が旨味だと知った。

ところでこの鮭、最初に獲ったのはいつで、誰なのか？

江戸時代（一七五〇年代）、すでに日本人は、南千島や南樺太に繰り出して漁をしていた。明治になり、さらに北方に漁場を求めて野心を燃やすきっかけとなったのが、日露戦争後の明治四十年に締結された日露漁業協約で、勝戦国日本はロシア沿岸で操業することとなり、帆船でカムチャツカまで出漁した。

地図上で点々とつながる千島列島を北へ辿っていくと、ロシアの大陸からヒュッと突き出て、オホーツク海を抱くように突き出た大きなカムチャツカ半島に行き着く。

その半島の広大なこと！　ここまで、帆船で鮭を獲りに行ったとは！

築地場内の図書館「銀鱗会」を訪ねて鮭にまつわる昔の資料を探していると、鍵のかかった本棚に、分厚い日魯《にちろ》漁業株式会社の社史を発見した。社史は分厚く、長い年月を経て茶色に変色している。北洋漁業に従事した男たちの生と死の物語がその一冊に記録されていた。

日魯漁業が現マルハニチロの前身だということは市場で聞いていたが、創業は明治三十九年、翌年に新潟より北洋に出漁したという話は初耳である。出漁からわずか十年にも満たない大正二年に、同社は「あけぼの印（DAY BREAK BRAND）」の鮭缶を製造する。

あ……あの缶詰！　新潟村上の鮭ミュージアム「イヨボヤ会館」に展示されていた赤や黄のラベルの美しい缶詰。外貨獲得目的で遠くヨーロッパに輸出するため英語が配されたという、ノスタルジックなデザインを思い出した。

そういえば、当時から半世紀も経た私の子ども時代でも、紅鮭缶はご馳走だった。缶切りでギコギコと蓋を開けて、中に一つか二つ入っていた鮭の中骨の、箸ですくうとホロホロと崩れる感触が懐かしい。あけぼの印のトレードマークは、放射線状に広がる紅白の日章旗と記憶している。

明治末期から大正にかけて、日本の土木・工学技術は格段に進歩する。大正十年前後には昔ながらの帆船は汽船に取ってかわり、カムチャツカには定置網が設置されて大規模漁業へと邁進。缶詰工場も建設し、日本はロシアへと、バリバリ進出していく。

ロシアも黙っていなかったはず。日本人がごっそりと魚を獲るものだから、海上でも喧嘩が起きる。

「当時の日本の力はたいしたものだ。なにしろ軍艦が漁船を護るように取り囲んで、漁に出たもんだ。波吹きすさぶロシアの海の、それはすごい光景だったんだと!」
……この話は、築地の鮭を扱う古老たちが大好きな、栄光の物語である。たぶん、古老も明治生まれの父や先代から聞いたんだと思う。

そして時は昭和へ。

ロシアが国力を増して、カムチャツカ沿岸での日本の定置網漁を「おいおい」と牽制するようになると、日本の漁業者は「じゃ、公海へ出て漁をするか!」と新たな漁法にチャレンジ。

昭和四年頃からは、陸から少し離れた沖での流し網漁による、母船式のサケマス漁業が始まる。それは、雄大な海上のチームワークで、一船団の編成はたとえば次のようだった。

・缶詰・塩蔵設備を持つ三〇〇〇~五〇〇〇トンの母船
・冷蔵施設を持つ一五〇〇トンの補助母船
・運搬船
・給油船
・五〇から五五隻の独航船:鮭を獲る船

(昭和八年カムチャッカ半島の沖合いでの操業――『日魯漁業社史』より)

五月半ば、北洋の遅い春の訪れとともに、サケマスが群れをなして故郷カムチャツカ半島の川に戻ってくる頃……。

半島の手前の公海に船団は陣取る。母船を中心に独航船が配置され、独航船は夕方に網を下ろして朝を待ち、網を上げ母船へ。母船へ運び込まれた魚は、船内加工場で内臓を取り除き、缶詰あるいは塩鮭に。

最盛期は昭和十二〜十六年頃。複数の船団が操業し、二万人以上の従事者によって豊漁年ともなれば一億万尾を超える漁獲数を誇ったそう。缶詰は第二次世界大戦突入前までは、欧米への輸出が多かったとのことだ。

運命に翻弄される北洋漁業

私が市場に来た当初、印象深かったのは塩鮭の木箱の「沖」「丘」の印。沖はしょっぱい、丘は塩が甘いと、丸覚えした。母船が沖で塩蔵した鮭が、航海を終えて帰港した時に、熟成されて旨い「沖」塩の鮭になると教えられた。

日本の北洋漁業は昭和十年台に最盛期を迎えるが、すでにその絶頂期に暗い影が忍び寄っていた。太平洋戦争勃発。昭和十七年には水産統制令により、日本水産・日魯漁業・林兼商店・

極洋捕鯨の水産四社が「帝国水産統制株式会社」として強制統合させられる。

翌年の昭和十八年に、米英ソはテヘラン会議を開き、ソ連の日本進攻を密約していたとのことだが、北洋の現場で働く人々はそれを知る由もなかった。

昭和二十年、広島への原爆投下の二日後の八月八日、ソ連は密約通りに日本に宣戦布告し、一挙に満州・樺太・千島に進攻。翌日にはカムチャツカのウトカ漁場で五万缶の鮭缶を積み込んだ笠戸丸を撃沈。

終戦までのわずか十日ばかりの間に、多くの操業船舶は逃げ切れずに撃沈あるいは拿捕《だほ》され、死傷者の数は計り知れなかった。シベリアに抑留された多くの水産従事者もまた、刑死・病死で命を落としたという。

終戦後、縁あって築地に職を得たシベリア帰りの方々も、今はもう鬼籍に入った。現在七十代の鮭屋の問屋さんは、

「うちの店にもいたけど、抑留については、多くは語らなかったな」

とのこと。終戦後、日本は北洋への出漁を禁じられ、その後五年を経た昭和二十五年、講和条約が発効されて再び操業が再開される。かつて莫大な漁獲を得ていたソ連沿岸には近づくことはできず、当初はアリューシャンで操業をスタート。その後、年ごとの折衝を繰り返し、徐々に操業範囲を広げていったそうだ。

築地に残る古い業界紙の綴りをめくっていくと、昭和二十七年五月三日付けの記事に「国際関係に微妙」との見出しがあり、北洋で漁業協定に違反のないよう、慎重に操業する様がレポートされている。また、南千島付近での漁船の拿捕が年間二〇〇隻近いとも。

北洋から遠くはなれた東京の築地市場もまた、終戦後五年を経て、ようやく活気を取り戻しはじめていた。昭和二十四年にはサケ・マス・カニ缶の統制が撤廃、翌年四月にはすべての統制がはずされて、商売に復帰する人々が明るい笑顔を見せはじめた頃のことである。

戦後、母船は大型化し、木製の独航船も鋼鉄製に変わった。魚探やレーダーはさらに進歩し、戦前は操業不能であった濃霧のアリューシャンでの操業を可能にした。

日本の船団は勢いに乗る。北洋に出たくとも出られなかった戦後の虚しい日々から解放され、漁師たちは喜びを胸に出漁。戦地やシベリア抑留で亡くなった仲間たちの分も獲ろうと、万感の思いを込めて網を上げ、漁師のプライドに賭けて獲れ高を競い、日本の高度成長の担い手の一人であることを実感したに違いない。しかし、時代は再び変転する。

昭和五十一年、ソ連が自国の沿岸二〇〇カイリを漁場専管水域に指定。日本にとっては圧倒的な漁獲削減に直結する二〇〇カイリ時代に突入。

産まれた川に戻って子孫を残す鮭は、母川の国に優先権があるというのが、国連海洋法条約の考え方である（母川国主義）。公海で操業する日本船であっても、母国へ帰ろうとする魚を根こそぎ獲ってしまうことは認められなくなった。

毎年の交渉を重ねるにつれ、日本の漁獲量の割当は減り、母川国に徴収される漁業協力費は高騰。広大なロシアの沿岸を縁取るように広がるロシア領海から、日本船は徐々に締め出されていった。

日本の母船式サケマス船団の最後の出漁は昭和六十三年である。平成になると、資源保護の観点からも公海でのサケマス漁は禁止となり、北洋漁業は日本とロシアの二〇〇カイリ内での操業に限定された。

そして二〇一六年から、ロシアの排他的経済水域でのサケマス流し網漁が禁止され、長年親しまれた〝本紅〟という、日本船が北洋で獲る紅鮭が消えることとなった。


以上が、紅鮭にまつわる長い物語である。

鮭の大助、今のぼるー！

二〇一七年一月初旬、岩手から一本の電話が入った。

「大助の一〇キロ超えが定置に入ったよ」

迷うことなく「送って！」と返答した。大助（大介と表される場合もある）は、マスノスケあるいはキングサーモンと呼ばれる大型の鮭である。回遊中の若鮭が数年に一度、群れからはぐれて回遊ルートをはずれ、定置網に迷い込むことがあるそうだ。翌日早速、大助が氷詰めで築地に到着した。

しなやかな筋肉と上質な脂で全身が覆われている。でっぷり太った姿は威風堂々たるもので、切るのも一苦労だが、その旨いこと……。

昔々から、大助は時々日本沿岸に迷い込んでくることがあったようで、この魚にまつわる伝説は東北各地に伝えられている。

中でも私の好きな物語は、岩手県上閉伊郡《かみへいぐん》竹駒村（陸前高田市）の相川家が代々、語り伝えている昔話「鮭の大助」（『聴耳草紙』佐々木喜善《きぜん》著／ちくま学芸文庫に収録）。

三河から奥州に落ちのびた相川某が、ある時、大鷲《おおわし》にさらわれて玄界灘の離島に連れていかれた。困っていると、仙人に化けた鮭の大助が現れ、

「俺は大助で、十月二十日に奥州今泉川の上流に帰るので、背中に乗せてやろう」

という。相川氏はコワゴワ背中に乗って、無事奥州に帰れたという。それ以来、今泉川では、十月二十日には鮭漁場にお神酒《みき》とお供物を供え、また大助が無事に上流で次の子孫を残すことができるように、川を留めている梁《やな》を開けることにしたそうである。

面白いのは、各地の伝説の共通点として、大助が川を遡る際には、
「鮭の大助、今のぼるー！」
との叫び声が聞こえるとのこと。もし、これを聞いたら、死んだり災厄に見舞われたりするので、絶対に聞かないようにその日は川に近づかない、あるいは早寝してしまう。また聞こえないくらい、どんちゃん騒ぎをする。地域によっては「耳塞《ふさ》ぎ餅」と呼ぶ餅をついて、まさか耳に詰めたりはしないだろうが、とにかくその声を聞くことを忌み嫌ったのだ。

だから……ここからが肝心で、もちろんその日は漁をしない。つまり、大助に象徴される鮭の精霊を畏れ敬い、彼らが無事上流の産卵場に到達するために、日を定めて禁漁期間を設けたのだ。

こうした〝獲りすぎない〟工夫が絶滅を防ぎ、十分に魚を獲ることができ、ひいては自分たちの懐を潤すことになる。規則で縛るのではなく、物語として語り伝えるところが、人間ならではのユニークでいいアイディアだと思う。

ちなみに、大助の〝スケ〟という言葉は、鮭の祖先や親を指す言葉で、これがなまって〝サケ〟と呼ぶようになったとの説がある。

「悔しいねえ〜、いいシャケじゃあねえか！」

地方によって呼び名は様々あれど、江戸では〝サケ〟ではなく〝シャケ〟と呼ぶ。いかにも日本橋魚河岸の活きのいい魚屋が言いそうな歯切れの良さ。

江戸っ子の夏目漱石も『吾輩は猫である』で、「シャケの一切や二切で相変わらずたあ何か」と著し、〝シャケ〟と読ませている。車屋の黒という猫が飼い主のおかみさんの目を盗んで鮭を食い散らかし、仲間の〝吾輩〟に向かって前述の科白を吐く。足元には「一切れ二銭三厘に相当する鮭の骨が泥だらけになって転がっている」とあり、現在の何円くらいかわからないが、猫が台所の棚から盗み食いするくらいだから、ごく庶民的なおかずだったのだろう。

一方、同時代を生きた作家・石川啄木は「たまにありつけるお菜は鮭だけ」と書いている。こちらは〝さけ〟と読む。漱石とは趣きが異なり、おかずの乏しさにクヨクヨしていて情けなさが滲み出ている。

いずれも、冷蔵設備が普及していなかった明治時代、鮭は塩が滲み過ぎてずいぶん塩辛かった。しょっぱくて猫も食べず、「猫またぎ」と軽口も叩かれた。つくづく大衆魚である。庶民とともにあり、ケチをつけられたり、要は親しまれたのだと思う。

もう三十年以上も前のことだが、築地が好きだった立川談志が、うちの店の前を通りかかった折に鮭が並んでいるのを見て、

「悔しいねえ〜、いいシャケじゃあねえか！」

と思わず叫んだ。

「悔しいっていうところが、さすが落語家だねぇ」

と、店主は感心する。

店主の趣味は川柳で、実感のこもった鮭の川柳をたくさん作っている。

惚れぼれと見る新鮭の器量よし　　もと女

鮭屋さんならではの、慈愛に溢れた句だ。魚河岸の人は皆、自分の売っている魚が好きだ。

一方、江戸時代の川柳も面白い。


こっちからやった塩引だと笑い　　（柳多留　三九）

江戸の頃から、鮭は暮れの贈答に使われていた。最初のうちはありがたがるが、そのうち何

尾もたまってくると、

「じゃあ、この一尾は大家さん、この一尾はお寺さん、この一尾は師匠のところにでも回すか」となる。どこでも、そんなことをやっていて、鮭はグルグルまわり、しまいに自分の家にまた戻ってきて大笑い……。

塩引の切り残されて長閑《のどか》なり　　（柳多留一の八）

いただいた鮭は、ちょっと見せびらかして軒先に吊るしておくうちに旨くなる。これを正月に年取り魚として家族でいただき、切り取られていくうちに、頭の方だけ残り、ぶらさがっている。なるほど正月明けらしいのどかな風景だ。

塩引の腹へ三ツ四ツ年の豆　　（柳多留　七一）

こちらは二月の節分になって、吊るされっぱなしの鮭。「鬼は外！」と、勢いよく撒《ま》かれた鬼打ち豆が、塩引鮭の腹にコツンと当たる。鮭の顔は鬼みたいだと、子どもがわざと当てたのかもしれない。

鮭の頭は、北関東では貴重品で郷土料理〝しみつかれ〟に使う。大根を鬼おろしという目の粗いおろし金（竹や木でできている）で丸々一本おろして、鬼打ち豆と鮭の頭のざく切りと一緒にグツグツ煮込む。

仕上げに酒粕《さけかす》をたっぷり加える。これをどこの家でも作っていて、近所の家を回って食べ歩くと健康で長生きするという言い伝えがある。今でもこの風習は伝えられていて、正月明けはうちの店でも鮭の頭が売れる。

一度、お客さんが作ったしみつかれをいただいて食べたら、見かけはごった煮だが、実に濃厚。調味料は一切加えていないのに、鮭の塩味、豆の甘味、大根の辛味が酒粕になじんで、奥深い味だ。体にも良いものばかりを合わせた一品である。

名だたる俳人や小説家も、鮭を詠んでいる。

雪の朝独り干鮭を噛み得たり　　松尾芭蕉

芭蕉がこの句を作ったのは三十七歳、深川にて作家生活を始めた頃だそうだ。美しい水墨画のような光景が目に浮かぶ。雪の日の寒い朝、堅い干し鮭を噛みしめながら、作家は詩作で生きる決意を新たにしたのだろうか？

乾鮭と並ぶや壁の棕櫚箒《しゅろぼうき》　夏目漱石

漱石の家にも荒巻鮭のお歳暮が来たのだろうか？　吊るされた鮭と立てかけられた箒《ほうき》が、壁を背景に、仲良く並んでいる光景が目に浮かぶ。

うちの店の軒にも乾鮭を吊るしている。一日に何人もの国内外の観光客が、この鮭と一緒に記念写真を撮っていく。ピースサインしたり、鮭を舐《な》めるふりをしたり、それぞれ工夫を凝らしてポーズを取る姿は微笑ましい。鮭の姿は今も昔も、人の心をとらえている。

みちのくの乾鮭獣の如く吊り　山口青邨

鼻曲る乾鮭を見き鼻撫でて　加藤楸邨

みちのく（陸奥）といえば、この乾鮭はまさに〝南部鼻曲り〟。鼻先がぐんと伸びて曲がり、牙のように歯が尖った風貌は、まさに獣である。産卵期が近づくと、オス鮭はこのような厳つい顔に変わる。子孫を残そうとオス同士が闘うためだ。

「ものの一週間くらいの間に、姿形が見事に変わっていくんだよ」

産地の人が言う。そんな姿が、詩人たちの創造意欲をかき立てるのだろう。

万丈籠《ばんじょうかご》鮭の命のこぼれたり　　佐々木隆治

岩手大槌の産地買受人、佐々木さんの一句。大助入荷の電話をくれたのが、この人。産地の魚を扱っている人ならではの、躍動感に溢れた句だ。

時は秋。市場の万丈籠、つまりコンテナに獲れたての魚が溢れている。目をつぶれば、そんな光景が目に浮かぶ。大好きな一句だ。

しゃけこさんの鮭料理ベストセレクション

〝しゃけこさん〟という呼び名は、市場仲間と綴っていたリレー形式の「市場日記」のペンネームだった。本名より覚えやすいのか、「しゃけこさん」と、気軽に呼んでいただけるのは嬉しい。「ハーイ!」と答えているうちに、あだ名となった。

リレー日記は、インターネット上で一九九五年から始めて、十年近く続いた。そのうち市場の仲間もそれぞれ忙しくなり、途絶えてしまった。保存しておけばよかったかなとも思うが、たまに断片的に記憶として蘇る。

この日記で私は、日々、築地の人たちに教わった料理を作って感想を書いていた。もちろんメインは鮭で、焼く・煮る・炊くなど、今までどのくらいのレシピを試したかわからない。塩鮭は他の食材と合わせることにより、さらに旨味を増す名脇役である。

まず、何をおいてもご飯に鮭。鮭は白飯で旨くなり、白飯は鮭で旨くなる。このベストマッチングは不滅である。

次に三位一体の料理で、三種の食材を合わせると、鮭は思わぬ底力を発揮する。たとえば鮭・昆布・米。炊き合わせることで、昆布の出汁と鮭の旨味がご飯に染みこみ、ほっこりとした炊きあがりの香りを嗅ぐ時は至福である。

私はこれを鮭のトライアングル効果と呼ぶことにした。他にも鮭・オリーブオイル・キノコのトライアングル、鮭・海苔・餅のトライアングルなど、垂涎の組み合わせがたくさんある。もちろん、たくさんの食材の中で、鮭が縁の下の力持ちとなる料理もある。代表的なのが鮭汁で、地域により様々な特徴の鮭汁がある。

代表的なのが北海道の三平汁。松前藩の賄《まかな》い方、斉藤三平さんが考案したそうで、鮭の頭が出汁、これに馬鈴薯・キャベツ・玉ねぎなど道産野菜と豆腐などを一緒に煮込む。全身が温まる、北国ならではの味である。

最後に、鮭と酒。新潟村上には〝酒浸し〟という食べ方が伝えられていて、半年から一年干した塩鮭を、酒に浸して少し柔らかくして食べる。鮭好きにも酒好きにも、たまらない味だ。私の店では、ドブ漬けと呼ばれる超辛口に仕込んだ紅鮭を扱っていて、こちらは焼くと塩が噴き出る。これを、ほんの一片、舌で味わって、クッとヒヤ酒を呑む。こちらは呑兵衛の方々にお薦めである。

鮭は栄養の観点からみても優れた食材である。

江戸期の雪国新潟を描写した『北越雪譜』（鈴木牧之編撰／岩波文庫）には、鮭にまつわる記述が多く、「本草に鮭味はひ甘《うま》く微温《やはらか》毒《どく》なし、主治中《ききみちうち》を温め気を壮《さかん》にす」とある。

これを現代的に言い換えると、「滋養強壮効果のヘルシー食品」であろうか。最近は、血液をさらさらにするＥＰＡ、認知症予防の効果が高いといわれるＤＨＡが豊富な食材として取り上げられることも多い。さらに鮭の赤い身の素となるアスタキサンチンは免疫力をアップすると、時々テレビなどで紹介されている。

四季折々、様々な野菜、キノコ、雑穀、乾物などと組み合わせると、鮭料理は枚挙にいとまがないが、ここに私がおすすめする鮭料理をご紹介しよう。いずれも簡単で、子どもたちや男性にも気軽にお試しいただけると思う。

①秋鮭と昆布の土鍋ご飯

築地市場に吹田《すいた》商店という老舗の昆布屋さんがあり、昆布についてはなんでも相談にのってくれる。吹田さん曰く、鮭ご飯に合わせるなら厚っぱの利尻昆布だそう。

土鍋に昆布を一枚入れて、三合分の水を張る。

研いだ米三合を加え、浸した昆布を上に載せ、その昆布の上に鮭一切れを載せて、蓋をして炊きあげる。これだけ。昆布と鮭からにじみ出る旨味と塩味で十分、他の調味料は特にいらない。

どんな鮭で作っても美味しいが、中辛くらいの秋鮭がいいと私は思っている。鮭の匂いが気になるなら、日本酒をかけて五分くらいおいて炊き込むと、なおいい。

②秋鮭山漬けで作る三平汁

秋鮭を山にして塩漬けしたものが鮭の〝山漬け〟である。冷蔵庫がなかった江戸時代は、塩鮭といえば山漬けだ。松前藩の三平さんが作ったといわれる鮭汁は、たぶん山漬けの頭を水に漬けて塩出しし、ぶつ切りにして出汁をとったのではないかと想像する。

今は、山漬けといえども当時ほど塩辛くなく、頭も身もぶつ切りにしてゆがいて、アクを抜いて作る。昆布も加えれば、さらに味がグレードアップする。

鮭汁には芋類が欠かせない。北海道の場合はじゃがいも、東北では里芋がよく使われるが、さつまいもやかぼちゃでも美味しい。あとは、人参、大根、ごぼう、レンコンなど、好きな根菜類や豆腐、こんにゃくの類を加える。

最後に味つけは、あっさりした醤油もいいが、コクの出る味噌もいい。私が好きな味は、西京味噌と酒粕を半々、汁で溶いて加える。

体も心も温まる。

③村上の塩引鮭で作る〝親子わっぱ〟

二十歳くらいの時、新潟へ一人旅した。せっかくだから土地の料理を食べたいと、ガイドブックを手に、市内の古町という繁華街で、ずいぶん迷ったあげくに郷土料理店に入った。そこで食べた鮭とイクラの〝親子わっぱ〟は、今でも忘れられない。

曲げわっぱは、杉や檜《ひのき》の薄板を曲げて作った昔の弁当箱で、わっぱに盛られたご飯は、いかにも美味しそうだ。

正統派の作り方は、昆布出汁で炊いたご飯に焼き鮭をさっくり混ぜ、わっぱに詰めて蒸し、イクラと三つ葉を飾るそうだが、そこまでこだわらずともよい。

炊いたご飯に鮭の焼きほぐしを混ぜて、イクラをトッピングするだけでも十分美味しいし、三つ葉の代わりに、春ならグリーンピース、初夏なら新生姜の甘酢漬けを刻んで混ぜても良い。
ご飯は、酢飯でも合う。私は、新潟村上のちょっとクセのある塩引鮭で作るのが好きで、我が家のおもてなし料理はこれに限る。

④南部鼻曲り鮭とキノコのアヒージョ

築地に藤本商店という老舗の八百屋さんがあり、質の高い野菜をたくさんの料理屋さんやホテルなどに卸している。

鮭と合わせる野菜については、いつもこちらに相談していて、昨年、テレビで鮭料理を紹介する折に、天然のしめじ・舞茸・椎茸を提案していただいた。

これが大成功で、鮭とキノコの相性がこんなによいものかと、目からウロコの発見だった。キノコの芳香と、南部鼻曲り鮭の干物特有の強い香りをオリーブオイルがまとめ上げて、シンプルで奥深い味となった。

撮影中に、助手が試食しすぎてカメラマンに怒られたほど。作り方はいたって簡単で、角切りした鮭の切り身をたっぷりのオリーブオイルで低音加熱し、キノコを加えてさらにじっくり火を入れるだけ。フランスパンなどを添えて。

⑤甘塩紅鮭と蕪のパスタ

藤本商店との冬野菜コラボ。師走が近づくと築地市場にお目見えする京野菜の代表格、聖護《しょうご》院《いん》かぶらは、なめらかな身質と自然な甘みが出色。この真っ白な蕪《かぶ》と紅鮭の赤色のコントラストが美しく、さらに緑鮮やかなブロッコリーを加え、クリスマスディナーにぴったりなお洒落な一品となった。

ソースを作る。生クリームを牛乳少々で薄め、紅鮭の焼きほぐしを加えて、白コショーで味を整え、温めておく。傍らでパスタを茹でる際、最後の三分に、一口大に切った蕪とブロッコリーを加えて茹であげ、ザルに上げて水を切ったら、紅鮭ソースに絡めて出来上がり。

ゴージャスだが、パスタを茹でる時間ですべてを仕上げることができる時短料理でもある。

⑥超辛口紅鮭の冷やし茶漬け

築地の夏はかなり暑い。食欲も減退気味である。そんなときに、これだけは食べたいと思えるものがコレ。実際、六月から九月の昼飯は三日に一度はこのレシピである。

まず、冷凍庫で器を凍るほど冷やす。鮭は焼きほぐしておき、冷蔵庫に。ご飯も冷茶もキンキンに冷やしておく。お昼に、冷やした器に冷やしたご飯を盛り、鮭をトッピングし、冷茶をぶっかける。あとは、かっこむだけで、生きかえる。鮭は焼くと塩が噴くほどの超辛口紅鮭が合う。

⑦時鮭のルイベ

焼いて旨い高級鮭、時鮭。日本沿岸に近づく頃はまだ若鮭で皮が薄く、絹のようにすべらかだ。小型でも身に脂がのってふっくらしている。今風に言えばジューシー！

私はルイベといえば甘塩の時鮭を一押しする。道東沿岸の定置網で漁獲し、船上活け〆した通称〝建時（たてとき）〟を、ひと塩してきっちり冷凍したものを使用する。

ルイベとは元々アイヌ語で、凍らせた鮭の身を薄切りにして食べる料理法である。天然生鮭には寄生虫がいる場合があるから、生食してはいけない。アイヌはそれを知っていたのか。現在は、産地で塩蔵・冷凍保管している塩鮭なら心配ない。

家庭で作る場合は、柵取りなどせずとも、切り身を冷凍庫で凍らせておき、凍ったままなら手で皮はスッと剝ける。腹側の小骨をそぎ取れば、あとは薄切りするだけ。舌に載せると、鮭のかすかな塩味と脂が相まって、とろけるよう。私は、このルイベが、マグロの刺身より旨いと思う。

⑧鮭の頭で作る氷頭なます

十一月になると、日本各地から店に電話で鮭の頭の注文が殺到する。小さな店なので、切った鮭の分しか頭は貯まらず、十二月末まで品切れ状態の引っ張りだこである。

鮭の鼻の軟骨は透き通って氷みたいだから、氷頭（ひず）と呼ぶそうだ。この軟骨を薄切りし、酢漬けにして貯蔵し、お正月の紅白なますに加える。柚子の器に盛ると、おせちを彩る華やかな一品となる。

夏は蕪・セロリ・人参に軽く塩をしたものと合わせて、和風ピクルスを作る。野菜に鮭の出汁が滲みて、グンと味が濃くなる。

産地めぐり　大槌

これぞ、まさに南部鼻曲り！　伝統的な鮭の保存食の姿である。

大槌川の支流、源水川の遊水池で、ここまでたどり着く鮭は数えるほど。大槌の人々は、ここを鮭の終焉の地として自然産卵、自然孵化を見守っている。

仮設の大槌魚市場にて。震災復興への苦難の道のりを知る。

加工直前の７キロ近い鮭の雄姿。

大槌

大槌の佐々木隆治さん。震災後、佐々木さんの加工場を訪ね、鮭の腹を割いて内臓を除去し、塩を擦り込む一連の塩漬け加工を初めて見学した。

生鮭のメスの腹を割くと、成熟したイクラがぞろり。衝動的にイクラ丼が食べたくなる瞬間。

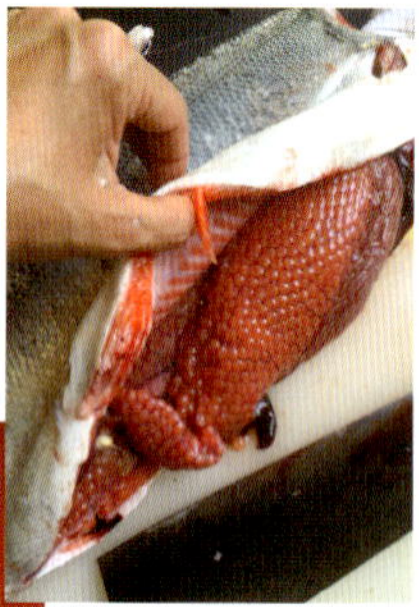

震災復興と繁栄を願って染めぬいた暖簾は、毎年冬の入荷とともに当店に掲げている。

大槌で震災後初めて干し上げられ、当店にやってきた大型の南部鼻曲り。

海でエビ等を食べる鮭は、カロテノイドという色素を身に蓄えるため、赤い身色となる。産まれた川に近づくと、鮭の成熟は進み、この色素は体表へ移るため、銀毛(銀色) からブナ毛(黒っぽい) に変わる。

村上の子どもたちが鮭の人工孵化の様子を社会見学に来ていた。

メスの鮭からイクラを取り出す作業は、生命の終焉であり、新しい命の誕生への道筋ともなる。

オス鮭の腹から精子を絞るところ。

加工場にて。塩漬けされる間に鮭の熟成は進み、旨味を増す。

塩漬け、塩抜きを経た干しあげは1週間ほど。晩秋の村上では、鮭を干すさまざまな風景が見られる。

塩漬けによる熟成と、干すことによる円熟の、2段階熟成を経てこそ、村上塩引ならではの奥行きある深い味に到達する。

天井から吊るされた、圧巻の鮭。吉永小百合のCMでも有名な鮭料理店「きっかわ」にて。

孵化場の対岸にある、イヨボヤ会館。日本で最初の鮭の博物館。

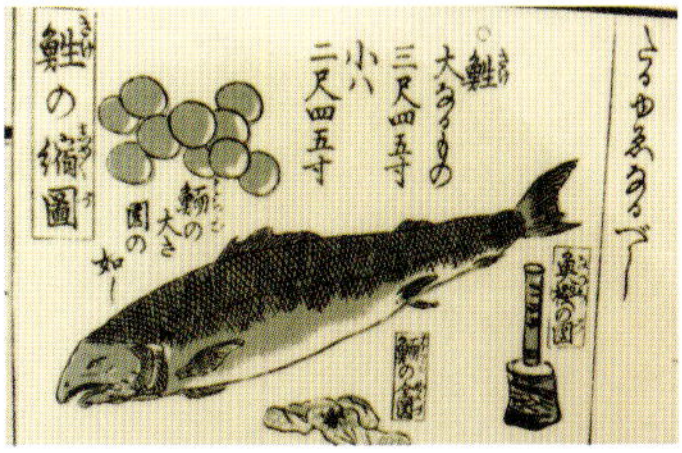

イヨボヤ会館にあった江戸時代の名著『北越雪譜』。鮭に関する記述は多く、新潟の衆の並々ならぬ鮭への思慕が感じられる。

鮭関連の博物館を訪ねる度に、楽しみに見るのが、鮭缶のラベルコレクション。このラベルは、戦前の輸出用缶に貼られたもの。

当店に届いた村上の塩引。味わいの深さでは定評のある逸品で、この鮭を目的に市場通いする方も！

新潟で食べた味を再現。昆布でご飯を炊き、ほぐし身をさっくり合わせて、イクラを散らす。鮭飯には、わっぱが似合う。

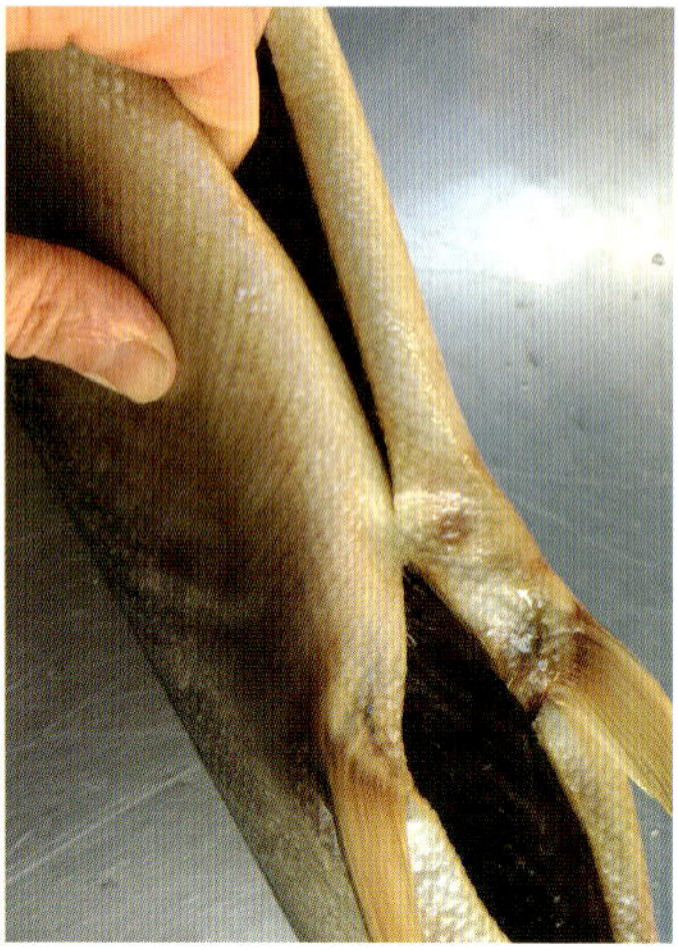

腹皮の1か所を切り裂かない加工で、村上の塩引とわかる。

北海道猿払。沿岸に戻る秋鮭（シロザケ）漁の現場。

落とし網の引き上げに参加させてもらう（手前が筆者）。一般的な定置網は全長 650 ～ 1600 メートル、深さは約 15 メートルだそう。

捕獲直後に、船倉の氷水に放たれる鮭、また鮭。

帰港後、休む間もなく漁獲した鮭を揚げて、選別の準備にとりかかる。

鮭の選別作業。一尾一尾、雌雄・目方・傷のあるなしを見分けて、分別していく。

大型トラックへの積み込み。加工場に運ばれ鮮魚として出荷される鮭、山漬け（塩を浸透させる）にされる鮭、それぞれの目的地へ。山漬けは、当店にも入荷する。

第5章

築地場外に歴史あり

いつもと同じように過ごす師走の風景が、実は少しずつ変化していることに気づいたのは、いつの頃か。最初に築地を訪れた時に優しかった年配の働き手たちが、それぞれ退職したり身《み》罷《まか》ったりで姿を消し、世代交代が進んだ。問屋が減って、飲食店が増えていく。午前三時に出勤すると、以前は闇に包まれていたまちが、ネオンに彩られて明るくなっていった。

場外はこれからどのように変遷していくのか？　そもそも、どのようにまちが生まれて今に至ったのか、歴史を遡《さかのぼ》ってみようと思った。

まず中央区立京橋図書館の郷土資料室に行き、過去の公文書・地図・絵画・写真などを探した。市場に関する記録は多く、また築地を舞台にした小説や随筆の存在も知り、仕事帰りに図書館通いする楽しい日々が続いた。年配の方々の昔語りも読み、さらに惹き込まれた。お店で顔を見る方、お会いする方の話もあって興味深く、私もそれらの聞き書きをなぞるように、機会があれば、古くから市場で働く方や引退した年配の方たちに、子どもの頃や若い頃の話を聞いて歩いた。たくさんの方から、海を埋め立てて土地が築かれたこと、関東大震災、戦争中、戦後復興のことなどを繰り返し何度も聞き、それらの話は徐々に私の胸に染みていった。

場外はかつて本願寺の敷地だった

その昔、築地は海だった。埋め立てて築いた土地だから、築地という。発端は江戸時代の明暦の大火。浅草近くの横山町で「江戸浅草御坊」と呼ばれていた本願寺が消失した。移築する先は、なんと海。埋め立てたのは本願寺門徒である佃《つくだ》の衆である。

そもそも佃の衆というのは、家康とともに上京して佃島を埋め立て居住し、将軍に献上する白魚《しらうお》を漁獲する漁業権を得て、江戸の漁業の礎を築いた人々として知られる。土木や漁業の高い技術を有していることから、将軍の隠密であるとのまことしやかな言い伝えもある。

彼らの子孫である佃の衆は、佃に続き築地を埋め立て、木造の立派な本願寺を建設した。当時の本願寺は、隣接する現在の場外エリアの方向を向いて建てられ、今、私が働く中通りは本願寺の表参道であった。

つまり、現在の本願寺・場外の敷地全体が、かつては本願寺であったのだ。その様相が『東京名所図会　京橋区之部』（睦書房）に描かれている。この絵を見ると、道の配置は現在と同じだが、敷地全体が土塀と堀で囲まれている。その土塀の内に本願寺下寺（地中子院）五八ケ寺が集まっていて、それぞれの墓所も有していた。

時が流れて大正十二年九月一日、午前十一時五十八分、関東大震災は起きた。築地界隈の人々にとっても地震は驚異であったが、揺れがおさまると、家を片づけたり、昼食をとり直したり、買物に出かけたり。

問題はその後の火災であった。まもなく火の手があがるという噂は真実となり、夕刻には、隅田川河岸の貯炭場に火がつき、対岸の石油缶が爆発し、地獄絵となる。火柱が道を走り、逃げ遅れた人々を容赦なく呑み込んだ。

京橋を通り、皇居の方向に向かう人々、隅田川に筏《いかだ》を繰り出す人々、どちらにも火の手は迫った。朝を迎え、生き残った人々の多くは日比谷公園に集い、呆然と立ち尽くしたという。

焼失した本願寺本堂は現地再建、墓所は和田堀に移築することとなり、同時に敷地内に並び立っていた地中子院も現地再建あるいは東京郊外への移築、いずれかを選択することとなった。

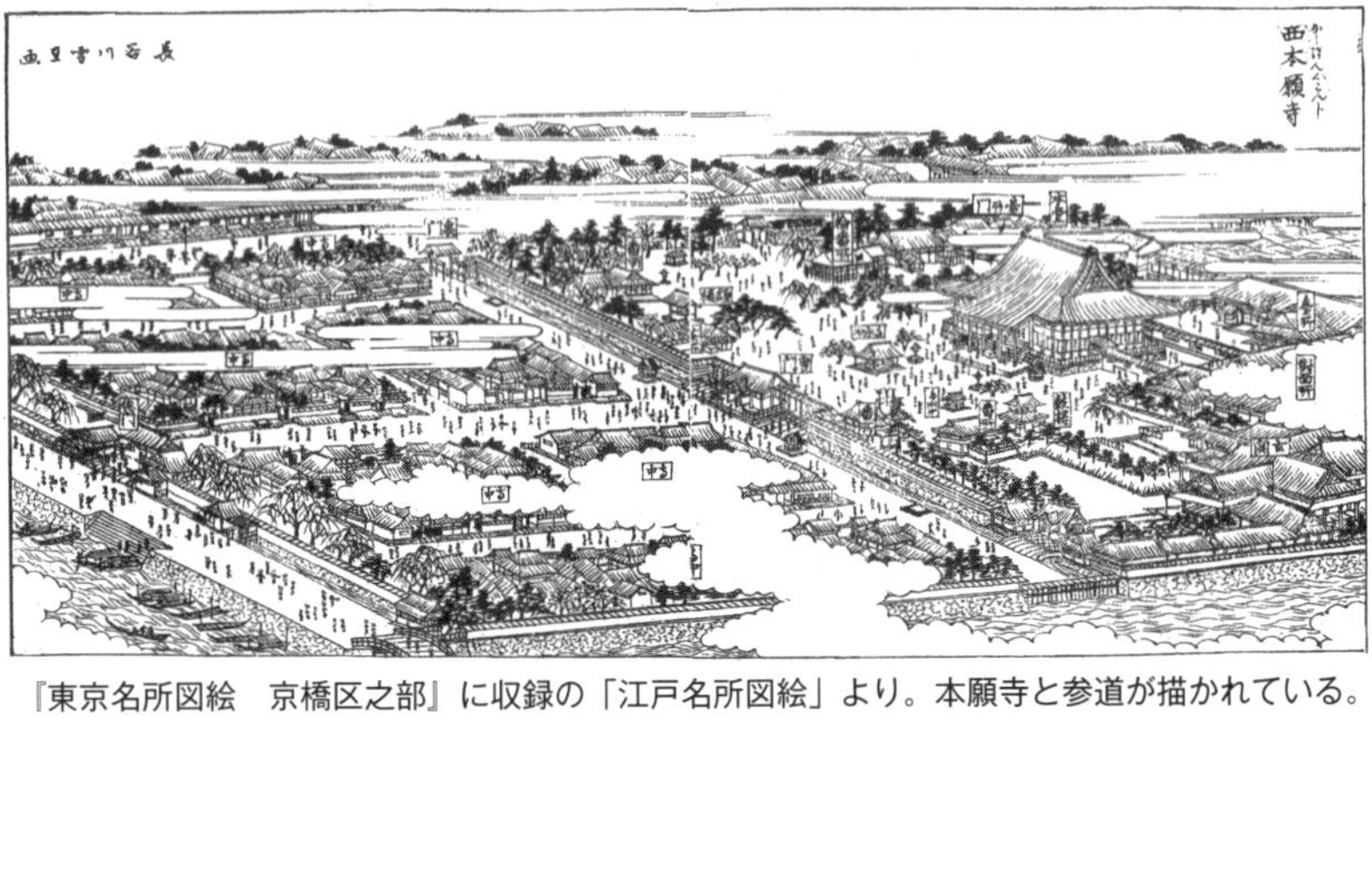

『東京名所図絵　京橋区之部』に収録の「江戸名所図絵」より。本願寺と参道が描かれている。

時を同じくして、行政が晴海通りを進捗し、新大橋通りを拡張する。関東大震災を契機として実行された帝都復興事業――内相・後藤新平が一二億円の巨費を投じて進めたというこの大事業の目玉は、幹線道路五二、補助道路一二二の建設であった。

ちなみに計画のシンボル的な存在である昭和通りの建設においては、多くの土地所有者の立ち退きを強制執行したという。この時代はお上の力が強く、行政が決めたことは万難を排しても実現されたのである。

『帝都復興区画整理誌』の記述によると、現在の場外市場の区画は、第二二地区に分類される。この地区の、旧本願寺本道から参道へと続く敷地のド真ん中を晴海通りの進捗でぶった切るとともに、本願寺旧墓地の敷地を削って新大橋通りを現在の道幅に広げた。

二つの大通りの建設に伴い、寺町は道筋の骨格を遺しながらも現在の区画に整理された。

地中子院の多くは本願寺の意向に沿い、郊外へ布教を広げる目的で移転していく。最初は数軒、次第に十数軒の寺院がなくなるのと同時に、商店が増えていった。最初の一歩を印した商人は、いったい誰なのだろう？

場内と場外、ここに始まる

震災は築地のみならず日本橋をも丸焼けにし、すでに斜陽化していた日本橋魚河岸の築地移転は現実のものとなった。東京都中央卸売市場の正式開場は昭和十年まで引きのばされたが、それ以前にすでに築地市場は稼働し繁栄していた。これが〝場内〟の始まりだ。

時を置かずして、場内に入居できなかった魚屋・八百屋・肉屋・鰹節《かつおぶし》屋・練《ね》り物屋・佃煮屋・仕事用の衣類などを扱う附属商・包材屋・飲食店・お菓子屋、さらに「これからは築地だよ」と聞きつけた目ざとい商人たちが、ぼちぼちと本願寺の地中子院の焼け跡に出現しはじめた。これが〝場外〟の始まりである。

場外の包材屋さん、小見山《こみやま》商店の大旦那、順一郎さんが言う。

「おふくろが言ってた。ずいぶん昔のことでホントだかわからないけど。区画整理の前、うちの前の通りは新大橋通りに通じていなかったって。突き当たりだったたってさ」

昭和二年の区画整理原形図と換地位置決定図を重ねてみると、原形図では確かに、小見山さんの母・よしさんが言ったとおり、通りは貫通していない。

この通りだけでない。今の新大橋通りの中央分離帯のあたりまで墓地が広がっていたようだし、かつて本願寺の参道であった今の中通りは、数メートル銀座寄りのようにみえる。

「会って話を聞いてみたい」

そこで私は、引退して下総中山に暮らすよしさんを訪ねた。明治四十年に生まれ、十六歳で小見山家に嫁に来たこと、日本橋の経木《きょうぎ》職人だった舅《しゅうと》のこと、その経木を引き売りで問屋に卸す従来のやり方でなく、店を構えて商うことに決めたご主人の一郎さんのことなど、鮮明に覚えていた。

「経木はカンナでシュッシュッと、一枚ずつ薄く削っていくんです」

と在りし日の職人たちの手真似を実演してくれた。ビニールやプラスチックがなかった時代、経木は食品を衛生的に包装する万能容器であった。魚、肉、おにぎりやコロッケも、経木に包んで手渡しされた光景を、私も記憶の片隅に残している。

よしさんの記憶だと、震災の大正十二年十二月に〝佃政《つくまさ》の親分さん〟から、

「震災の瓦礫《がれき》を片づければ、そこに店を出してもいいよ」

と言われたという。場所は現在の新大橋通り沿い、もともと本願寺の敷地内の墓所で、地震で土塀が崩れ、土台だけになっていた。整地して出来上がった細長い敷地は、一店あたり間口一間（約一・八メートル）、奥行き三尺（約九〇センチ）に区切られた。

人が一人立って商いをするのが精一杯の奥行きで、まるで敷布団を折りたたむように簡単に

片づけることができる故に〝床店《とこみせ》〟と呼ばれた。小見山一家は、その後大正十四年には現在の場所に移動して、一軒の住居兼店舗を構える。この敷地は地中子院のひとつ、安養寺が小見山家に譲り、その後寺は仙川に郊外移転している。

商店建築の流行最先端：小見山商店

場外市場には、大正末期、つまり震災で地域全体が丸焼けになった後に建った建物が現存している。純然たる日本家屋もあれば、床店もあり、寺院もあり、建築様式も様々だ。小見山邸は隣り合う一軒一軒が強い独立性をもつ木造二階建て長屋（当時の工夫で、実は屋根裏とみせかけた三階を有する）である。

こうした建築様式を知るきっかけとなったのは、二〇〇四年、法政大学工学部建築学科の三年生が小見山商店の建物を実測およびデッサンし、二〇分の一サイズの模型を作成したことによる。

模型は内外装はもちろん、店内陳列された商品に至るまで細部にわたり、小見山邸を再現した。木造の木組みの上からブリキを張った外壁は、壁面をレンガ、角をコーナーストーンに模した洋風なデザインで、当時の商店建築の流行の最先端であったとのこと。また居住空間としていた二階は紅葉の一本木や杉の網代《あじろ》、矯正した竹を装飾に使い、こだわりの強い贅沢な作りであった。

この研究レポートとよしさんの昔語りを照合すると、戦前の商家の暮らしが鮮やかに蘇ってくる。

一家の大黒柱である一郎さんは商売に精を出して取引先を着実に増やし、おかみさんであるよしさんは帳場に座る。

今も小見山商店を訪れるたびに、私はこの店の独自のスタイルに一種のあこがれを抱く。包材を扱う店だけあって店内在庫は天井に届くほど山積みになっており、そのすべてを見渡せるように、帳場は店の中心の、びっくりするほど高い位置にある。

きっとよしさんは着物姿で、幼子をおんぶして歯切れよく客をさばいていたに違いない。

「働かなければ笑われるもの……」

インタビューに答えたよしさんの何げないそのひと言が謙虚で素敵だった。震災で丸焼けになった東京で人生をリセットした人々は、驚くほど前向きだ。命があるだけで儲けもの、働けば働くほど家族は豊かさと幸せを実感したのだろう。

若い頃は三越の呉服部に勤めた経験があり、お洒落だった一郎さんに恥をかかせまいと、夫の紙入れにお札《さつ》を欠かさず足しておくのも妻の務め、いやプライドだったのか。

夫は一日の仕事が終われば身綺麗にしてさっさと遊びに出るが、それも営業のうちだったのかもしれない。妻は帳面を開いてまた一仕事。奥向きは女中に任せ、配達に出る小僧の采配から翌日の品揃えまですべてを任された。

一族郎党でとる食事は賑やかで、時々夫婦ふたりで食事に出かけるのは銀座。恋人同士のように若い夫婦は、どんなにウキウキしたことだろう。家族は二階、使用人は三階に寝起きし、隣近所も同様の生活形態だ。息子〝順ちゃん〟が少し大きくなると、並びの菅商店には同い年の〝隆志ちゃん〟がいて、二人は仲が良い。どっちの家で食事をしてもいいように、茶碗やお箸まで揃えてあったという。九十代になったご両人、ご健在である。

今はよしさんの孫世代が家族で店を仕切って、小見山商店は今日もとても賑やかだ。よしさんは、きっと空の上から見て微笑んでいるに違いない。

本場・関西から進出した昆布商：吹田商店

今、場外で老舗《しにせ》と呼ばれる店の多くが、この時代に縁あって築地場外に足を踏み入れ、商いを始めている。

晴海通りに大きなビルを構えてその一階で昆布商を営む吹田《すいた》商店は関西の出で、関東大震災の後、昭和二年頃に、この地に進出したという。

江戸時代に近江商人が米などを海路で蝦夷地に運び、帰途の空船に昆布を積んで戻ったのが昆布商の発端だそうで、それゆえ関西の出汁は昆布である。当時、日本の食文化の中心はなんといっても京・大阪で、上方からみれば江戸の味などは芋侍どもの田舎料理という認識。

ところが震災直後、東京市が発表した震災復興計画は、大阪商人の関心をひいたとみえる。現在の吹田商店は大旦那・修一氏の祖父の、

「これからは築地！」

という鶴のひと声で東京進出を果たした。

その決意は単なる思いつきではなかったようだ。震災前、銀座方面から伸びた晴海通りは本願寺に突き当たって行き止まりだったのが、震災復興図の新たな道路計画では隅田川に進捗し、勝鬨《かちどき》橋の架橋も計画された。

修一氏のお祖父様はこの計画を知り「！」とひらめいた。なにしろ築地から皇居・丸の内・銀座はすぐそこ。日本橋から魚河岸が引っ越してくるなら、料理人はこぞって通うようになるだろう。そこで、進捗したばかりの晴海通り沿いのお寺の跡地一〇〇坪を購入し、吹田商店を開店したというわけだ。

その先見性が現在の吹田商店の礎を築いた。祖先の意思を継ぎ、現社長の吹田勝良さんは昆

布出汁の普及に熱心である。産地にもまめに足を運び、品揃えには余念がない。

「ただ一人のお客さんのための昆布だってあるんだよ」

当然、料理人の信頼は厚い。夏休みには子どもたち向けのセミナー等も頻繁に開催し、そんな折には、昆布主産地のアイヌに伝わる昆布の象形文字が染め抜かれた先祖伝来の半纏《はんてん》を着用している。

山崎豊子の小説に『暖簾《のれん》』という戦前の大阪を舞台とした昆布商の生涯を描いた名作がある。この本を読んだらあまりに面白かったので「〝暖簾〟っていう小説を知っている?」と勝良さんに聞いたら、「昆布商で〝暖簾〟を知らないヤツはいないさ!」と一言。私は、鮭にもそんな面白い小説があればいいのに、とちょっとうらやましく思った。

削り節を初めて商品化した鰹節商:秋山商店

場内と場外は、小さな運河を隔てて隣り合う。その運河は私が市場に足を踏み入れる前に埋め立てられ、今はもうない。

当時、始発の都電でブリキ製の背負籠《しょいかご》を肩に掛けてくるのはプロの料理人がほとんどだった。本願寺前の停車場を降りて、新大橋通りをちょっと右に行ったところで場外の路地に入り、突き当たりを右に曲がり、今度は運河に突き当たると起生橋という小さな橋を渡り、場内へ入っていった。

彼らはせわしなく歩き回り、小一時間もかけずに魚を買い揃えると、帰りがけに場外で昆布や鰹節を買うのが常であった。

鰹節商も昆布商と同様に、魚とは切っても切れない縁のある商売である。

「出汁は、主菜の引き立て役」

と、出汁を扱う商売人は謙遜するが、裏を返せば、

「一品の料理を、活かすも殺すも出汁次第」

とも言える。関東では出汁といえば昆布と鰹節の合わせ出汁が主流で、

「江戸といえば蕎麦《そば》、蕎麦といえば汁は鰹節で出汁をとる、という流れで鰹節は江戸の料理人に深く関わってきた……」

と、関東の料理と鰹節の深い結び付きを語るのは、老舗鰹節商「秋山商店」の社長・秋山久美子さんだ。同店は、初代銀次郎氏が大正五年に芝で創業。関東大震災を契機に築地場外に居を移し、削り節を日本で初めて商品化した、いわゆる鰹節専門店の先駆けである。

秋山商店は今も、当時と変わらぬ大きな木の看板を掲げていて、その風景がいかにも老舗らしい。清潔な木箱には毎朝、削りたての鰹節が種類別に盛りあげられ、良い香りを放っている。

ふわふわとした削り節は大きな紙袋に目一杯詰められると、袋の口をきちんと折り返して買い手に渡される。そんな風景も、初代の頃から変わっていないはずだ。

店頭ではいつも、久美子さんが料理人たちの問いかけに答えている。

「鰹節は、湿度・気温・季節によって味を変える生き物。たとえば空は毎日色を変えるでしょ。それと同じ。子どもの頃からお味噌汁を味わっている日本人なら、その味の違いがわかるはず」

今、場外は外国人の来訪が増えて、観光地の様相を呈している。そんな中で秋山の鰹節は海外の人々にも日本の伝統食材として人気を得ている。

「私は鰹節を〝dry bonito〟（乾燥させたカツオ）としてではなく、〝katsuobusi〟として伝えたい。なぜなら日本の鰹節は単なるカツオの乾物ではないから。煮熟後に焙乾《ばいかん》する行程を何度も繰り返して出来上がるのが、日本独自の鰹節です」

初代も空の上で、久美子さんの言葉に頷いているに違いない。

包丁屋・漬物屋・鳥屋・ミルクホール

仕入れ客の要望に応えるように、場外にはさらに店舗が増えていった。

秋山の目の前には「東　源　正久《あずまみなもとのまさひさ》」という包丁屋がある。日本刀のような刃先の長い鮪《まぐろ》包丁から、コハダなどの小さな魚をおろす小出刃までが、ずらりと並ぶ。

店主小川家の祖先は大阪の刀鍛冶《かたなかじ》で、屋号は「源正久」。明治維新に伴い、料理包丁の出刃鍛冶に転身した。上京して日本橋魚河岸に進出するにあたり「東」を頭につけて、「東源正久」にしたという。震災後も日本橋で商売を復興したが、魚河岸の築地移転に伴い昭和六年に築地に新店を構えた。

昭和六年といえば、現在の本願寺社殿が着工された年で、まさに築地の新しい時代の幕開けの年だ。

隣り合う漬物屋「吉岡屋」は、先々代の吉川亀之助さんが昭和四年に日本橋の漬物屋から独立して築地で店を構えた。明治四十二年生まれのおかみさん・喜代子さんは当時、丸髷《まるまげ》を結って帳場に座り、〝築地小町〟と呼ばれていた。

「当時の大店の女将さんていうのは、店の真ん中から一族郎党を仕切る、それは格好良かったよ」

と、古老が語ってくれた。

現在、場外のまとめ役を務める「鳥藤《とりとう》」は、明治四十年、浅草で創業。商売は繁盛して従業員をたくさん抱え、鳥料理屋も営んでいたという。その興隆期に震災に遭遇したが、まもなく浅草から向島に移動した後、昭和八年に新天地築地へ移ってきた。

当時店では、生きた鶏を籠にたくさん仕入れ、店で〆《しめ》て茹で、羽を一本ずつはずしていたが、近所の子どもたちは飽くことなく見つめていたという。その子どもたちが、今、築地で八十代九十代になる古老たちである。

鳥屋の横では店主の長男が「ミルクホール」を始める。当時の最先端を行く喫茶店商売で、歌舞伎役者も訪れたという。

練り製品、つまり〝かまぼこ〟や〝さつま揚げ〟で全国展開を果たした「紀文食品」や「味の浜藤」も、この頃築地で商売をスタートさせている。紀文の創業者、保芦邦人《ほあしくにひと》氏は山形県出身で、昭和十三年に二十代で創業した時は米を扱い、後に海産物卸売を経てかまぼこ製造に着手する。

「味の浜藤」は初代が大正十四年に福岡から上京し、小田原町でサラシ鯨《くじら》を商い成功。取り扱う珍味類の幅を広げ、練り製品の製造に着手する。昭和二年に明石町に工場を新築し、昭和九年に築地本店を開店している。

家族・使用人とともどもの暮らし

場内（東京都中央卸売市場）は、行政が管轄する公設市場で居住区がないが、民地である場外は個々が店の奥で、家族・使用人ともども暮らし、エリア内に銭湯・床屋・惣菜屋・洋服屋等、人々の暮らしに必要な商いも栄えていく。

かつて場外で料理道具を扱う「福屋」を営んでいた荒井重雄さんは言う。

「この場所で、産婆さんに取り上げてもらった赤ん坊は、今では俺ひとりしかいないよ」

数年前、場外の昔の写真を見せていただいたことがある。その中には、お祭や出征の折に撮ったまちの人たちの記念写真に混じって、金盥《かなだらい》に張ったお湯に気持ちよさそうに浸かる赤ん坊の写真もあったことを思い出し、その姿が荒井さんに重なった。

荒井さんが生まれた家は「鳥藤」の隣、今は「石橋」という八百屋さんがある場外の角地にあった。

父は麩屋《ふや》で、店の奥で麩を手作りし、二十歳で嫁に来たばかりの母が細工を手伝いつつ店頭で売り、若い夫婦の店は繁盛した。母は和服で自転車を乗りこなす男勝りで、夫婦喧嘩は派手に繰り広げたというが、喧嘩するほど仲が良いとはこのこと、三人の子どもに恵まれ、その真ん中が昭和九年生まれの重雄さんだった。

九年といえば、本願寺の現社殿が三年の工事期間を経て落成した年。伊東忠太が設計したインドの古代仏教建築を模した外観は、人々の度肝を抜いた。また、魚河岸に縁があって場外の成り立ちにも深く関わった俠客《きょうかく》〝佃政〟が亡くなった年で、その葬儀には日本中の親分が集まったという逸話がある。

「昨日のことのように覚えているのは子ども時代の楽しさ。家では姉と妹に挟まれた僕は、いつも町内の年が近い男の子同士で遊んでいたんだ。朝が早い市場は午前中は大人の世界。まだ夜が明ける前から、仕入れに来る人たちの足音で目覚め、とても小学生など立ち入る隙もない。でも、昼を過ぎれば主役は僕ら。道を目一杯使ってのメンコ、ベーゴマ、けん玉、本願寺でのセミ取りや築地川での川遊び……。家の斜め前に銭湯があってね。夕方になると町の人がみんな来る。モンモンを入れた魚河岸の若い衆、仕事前の芸者さんも。地元の信用金庫の奥様で、京都の舞妓さんだったきれいな方がいて、僕らは草履《ぞうり》を揃えてさしあげるの。そうすると〝おおきにはばかりさん〟って言ってくれるわけ。その耳慣れない関西弁が聞きたくてね」

お麩は小麦粉が主原料なので夏は傷みやすい。

「お麩はほとんどが手間賃。お麩を作る時に出る沈殿物を糊屋《のりや》さんが買ってくれて、それで材料代が稼げてしまう。儲かったんだよね。秋冬春に、それこそ夫婦で一生懸命稼いで夏はお休みする。母子は湘南に避暑に出かけ、父だけが家に残ってアイスキャンディーなど売りつつ、家を守ったんだ」

ひたむきに働く人たちの幸福な記憶がそこにあった。

築地から戦地へ

関東大震災で焼け野原となった築地で商いを始めた人々に、太平洋戦争という暗い影がさしたのは、いつごろか。

明治三十八年、「勝鬨の渡し」が開設され、隅田川を挟んで築地と月島に渡船場ができて、渡し船が通った。〝勝鬨〟は、日露戦争の旅順陥落に因んでの命名である。築地に市場ができると、この船は月島方面から通勤する人々の足となった。

昭和十五年には、勝鬨橋が架橋された。同年に晴海で日本万国博覧会が開催される計画で、会場への輸送手段の必要性から作られた、真ん中から持ち上がる可動橋である。おかげで都電・三輪トラック・リヤカー・バイク・自転車などの様々な乗り物、もちろん徒歩でも隅田川を渡れるようになり、後に渡しは廃止された。

「架橋の年は♪紀元二千六百年♪でね。提灯《ちょうちん》行列が出るし、花電車が走って、それは華やかで。波除《なみよけ》神社の神輿《みこし》も銀座まで出てね」

結局、万博は日中戦争の煽《あお》りを受けて中止となったが、橋は開通後、帆船や大型船を河上に遡上させるために毎日五回跳開し、雄々しい姿を誇示した。

「でも、タイミング悪く閉まっちゃうと、二十分以上待たされる。開閉時のホコリがすごくてね。橋の真ん中からゴミでも砂でも、全部逆さに落ちてくるんだから、タイヘン」

この橋の最後の跳開は昭和四十五年だそうで、現在は開閉はしないものの美しい姿を保持している。私は勝鬨橋をわたる暮らしがしたくて、十数年前に勝どきに越した。毎朝、朝日が上る前後に出勤し、仕事帰りに川辺で憩う。勝どき側から対岸の築地市場を臨めば、日暮れとともに動きはじめる人の様子が、手に取るように見える。

勝鬨橋架橋の翌年、昭和十六年が太平洋戦争の開戦である。子どもたちは無邪気で、築地では開戦の年に男の子を集めた「誠心隊」が組織された。いっちょうまえに銃剣術や竹槍などの訓練をして、一糸乱れず隊を組んで行進。鬼ごっこは水雷ごっこにかわり、子ども心に「兵隊に行って偉くなるんだ」「戦闘機に乗るから目を大事にしなくちゃ」と、真剣に考えたという。

もともと東京湾岸の築地は海軍発祥の地。幕末、堀田家中屋敷（築地南小田原町）内に軍艦教授所が設けられ、これが勝海舟率いる軍艦操練所となった。明治維新とともに新政府に接収された大名諸藩の屋敷跡に海軍大学校などが創設され、後に築地市場となる。震災後も場外の斜め前、現在の国立がん研究センターがある場所に海軍病院、その先には海軍水路部（後の海上保安庁海洋情報部）、勝鬨橋手前には海軍経理学校が建った。

震災の折には地元に開放された浜離宮も、軍人が警護するようになり、戦時下には「我々は近づくこともできなくなった」と、土地の人々は言う。ちなみに終戦後、〝お浜離宮〟から軍人は消え、市場の子どもたちはこぞって弁慶ガニを取りに行ったそうである。

戦況が厳しくなる頃には、築地で働く青年はほとんど出征した。現在の吹田商店の大旦那が、「子どもだったからご馳走が嬉しくてね。兵隊さんを送る会をはしごして、海苔巻を七〇個食べましたよ」

と思い出を語るのが、なんだか微笑ましくも切ない。

場外の事務所に、出征兵士を送る古いモノクロームの記念写真が残っている。八百屋の山伝さんの店での集合写真だ。店先は木箱などを整頓し、掃き清められている。墨文字で店名が書かれた日章旗が掲げられ、中央の出征兵士は、緊張の面持ちで真一文字に唇を結んでいる。ご存命なら九十歳は越えておられるはず。まちの方々に聞いたが、消息はわからなかった。

東京大空襲でも燃えなかった場外

今、現役で働く場外の人々の中で、この土地から出征したのは、菅商店の菅隆志さんだけになった。十八歳で特幹一期生を志願して兵隊に行った隆志さんは、場外の子どもたちのヒーローだった。

配属先の富山で、弟分である小さな子たちの手紙を受け取ったことを隆志さんは昨日のことのように覚えている。手紙を本人に渡す前にチェックを入れる検閲官も人の子、隆志さんを励ます子どもたちの言葉に思わず笑みがこぼれたのかもしれない。

「最初のうちこそ検閲していたけど、そのうち調べなくていいって……」

やがて場外では、強制的に〝間引き疎開〟が行われた。類焼を防ぐために、軍部が草を間引くように数件まとめて家屋を取り壊すことで、理不尽この上ない話だが、当時は文句も言えないまま親戚を頼って疎開した家も多く、残った人々は自分の店の下に防空壕を掘るのが精一杯だった。ちなみに戦後、防空壕を地下倉庫に作りかえた家も多い。

食料品の統制が強化されるにつれ、商いも難しくなった。昭和二十年になると父親世代も徴兵された。残されたおかみさんたちが隣組の組長となり、空襲警報が鳴ると、夫が残していった長靴を履いて「逃げてください！」と、町内に声掛けをして回ったり。

砂糖や米までもが統制品になると、飲食業は閉店を余儀なくされた。寿司屋も商売あがったりになり、戦後も続く統制で手焼きの玉子焼だけ売っていたら、しまいにそれが本業となった店が、今では大店の「松露《しょうろ》」だ。

昭和二十年三月十日、空襲警報が鳴りわたる。東京大空襲である。銃後の妻は子を抱いて市場橋公園や本願寺の防空壕に逃げ込んだり、銀座方面に走ったりと、右往左往した。東劇、歌舞伎座、新橋演舞場は炎上した。本願寺の近くにも、場内にも、市場橋通りにも、焼夷弾《しょういだん》が落ちて路上はメラメラと燃え、恐怖の一夜は永遠に続くのではないかと思うほど長く感じられたという。

長い夜が明けた。大通りと川に囲まれた場外（築地四丁目）は燃えなかった。ミッション系の聖路加《せいるか》病院が近くにあったからだ、と噂された。

八月十五日に戦争は終わった。

菅さんは復員手帳の配給を待たず、即座に故郷築地をめざした。上野に着いたら一面の焼け野原。

「場外で営業している店なんか、なかったよ」

当時の配給は一日米二合がせいぜい。食料が圧倒的に不足していたので、県外に疎開していた人は東京になかなか戻ることができなかった。築地川南支川で夕飯のおかずにと魚を釣る子どもたち。土手や空き地で慣れない畑仕事をする母親。慣れない畑仕事で大事に育てた大根を、やっと収穫しようとしたその朝に根こそぎ盗まれたという、四コマ漫画のような出来事もあった。

父が帰還した家、しなかった家……。やがて疎開から戻ってきたものの、間引き疎開でなくなった家跡に呆然と立ち尽くし、やがて生きるためにバラックを建てる一家も。戻らなかった家族の消息は、そのまま途切れた。昭和二十年は、誰もが生きることに精一杯で暮れていった。

戦後を支えたおかみさんたちの昔語り

終戦直後は、

「みんな売るものがないから、家にあるお雛様《ひなさま》やお節句の兜《かぶと》を引っ張りだしてきて、この道に並べて米兵に売ったりしたんだよ」

市場の中通りで荒井さんから聞いたその言葉は、ちょっと信じがたかった。米兵といえばほんの一年前、焼夷弾を落として東京を焼いた敵ではないか。

築地は、敗戦から一年も経たないうちに、周辺を米軍施設に囲まれるという環境の激変に、とまどいつつも順応していった。場内は隅田川河口に面しており、その岸壁に東京湾に入港する米軍の戦艦が停泊した。元日本海軍の経理学校施設を接収して駐留米兵用の大型ランドリーを建設するためで、当時洗濯板を使っていた日本人にとって、その設備は考えも及ばない最新のものであった。

長期停泊していた軍用船が発つ際には、毛布・外套《がいとう》・食料品などを船から岸にポンポン放ってくれて、まちの皆にはありがたい贈り物だったという。子どもたちはやはり接収された聖路加病院に忍び込んでパンを奢《おご》ってもらい、八十歳になる今でも忘れられない味だという。
「こんな旨いものがこの世にあるとは思わなかった」

多くの人を敗戦のショックから目覚めさせた出来事のひとつは、昭和二十一年二月の新円切り替えだ。幣原《しではら》内閣による未曾有のインフレ対策で、十六日夕刻の発表からわずか一日で策行された。これまで流通していた紙幣は三月三日をもって使えなくなり、新円への切り替えも一定金額に制限された。場外に隣り合う米軍の施設では、価値がなくなる旧円が撒《ま》き散らされ、夢中で拾う人々がいた。「家にあったお札を全部出して」塩を仕入れたり、ワカメを仕入れたり、これを機に商魂を取り戻した人々がいた。

戦後の元気なおかみさんたちの昔語りが、タウン誌「築地物語」に載っていて、あまりに面白かったので追取材し、その後場外の記録誌を制作した。そこに載っている逸話をご紹介しよう。

新橋の闇市は徒歩で通える距離。疎開先の闇米を仕入れては家で白飯に塩をまぶしただけのおにぎりを作って、子どもをおぶったまま売りに行き、次は干し芋、次は酒と、手当たり次第に売りまくる女《ひと》がいた。また、大きなリュックを背負って満員電車に乗り、日暮里で落花生や飴《あめ》を仕入れ、ぎゅうぎゅう詰めにして帰っては売り、それを毎日繰り返した女《ひと》も。一個四円のコロッケを作りはじめたら売れに売れて、毎日徹夜で一〇〇〇個のコロッケを作り続けた女《ひと》も。

経済警察に追いかけられたり、商品を没収されたり、のちにはそれも良い思い出になったという。急ごしらえの店では、八百屋さんが風呂敷を敷いた上にワサビの入った箱を並べ、お茶屋さんは戸板にお茶箱を並べた。おかみさんたちの共通点は、

「辛いとか苦しいとか、考えている暇がない」

「売れれば、楽しくて仕方がない」

「忙しすぎて、いつ寝たのかもわからない」

「何が何だかわからないうちに年月が経った」

夫を早く亡くした方も、仕事をよすがに寂しさや辛さを乗り越えていった。築地には人が集まってくるから一、二年夢中で働くうちにお金も貯まる。貯まったお金で店を借りたり、土地を買ったり。商売を広げるためには資金が必要で、借金すれば返すためにまた夜も寝ないでがむしゃらに働く。店が大きくなれば若い衆も増え、指図する立場のおかみさんの正念場だ。

「お便所で内緒で泣きました」

など、悔しい思いをしたのも共通。勝ち気な女は人前では泣かなかった。

儲かった時代の武勇伝

一人また一人と復員してきた若者が原動力となって、昭和二十一年には築地に希望が灯りはじめた。

大正十二年生まれの越渡一太郎さんは、十二歳という幼さで北陸から単身上京し、築地の鮭屋で丁稚奉公《でっちぼうこう》した。二十歳そこそこで出征して満州・沖縄・台湾を巡り、昭和二十一年二月に築地に戻った。三月にはもう、新橋の闇市から何でも仕入れて仕舞屋《しもたや》の軒下を借りて売った。だんだん仲間が増えて独自の仕入れルートを開拓、北海道の海産物を販売するようになり、二年もすると店を構え、その後、自社ビルを建てて場内の仲卸の鑑札も得た。

彼こそは、私が直接会った最も古参の鮭屋で、二〇〇三年には業界への貢献を称えられ、勲六等単光旭日章を受賞した。生涯現役で、九十代になっても店の最奥に背筋を伸ばして立ち、お得意さんにはもちろんだが、私のような小僧っ子にも、

「ハイお嬢さん、一服していきなさい」

と、手ずからお茶を淹《い》れて労をねぎらってくれた。

晩年のある日、私は偶然、一太郎さんのすぐ後ろを歩いていた。ちょっとフラフラと足がも

つれたので手を貸そうとしたら、「心配せんでください」と毅然としていた、その姿を思い出す。

昭和二十一年から二十五年までが場外の戦後復興期、二十五年から三十九年（東京オリンピック開催）頃までが、築地の最盛期だった。

東京中の小売店や飲食店が息を吹き返し、駅という駅を中心に商店街が生まれて、食品の仕入れといえば築地だった。毎日仕入れに押し寄せる人波の中でも店の場所がわかるように、どの店も高い位置にトタンの看板を掲げ、勢いの良い筆文字で屋号を印した。

場外で米本珈琲店を営む米本謙一さんは語る。

「友だちの家の店の二階で遊んでいると、横で若い衆がその日の売上を数えているんだ。札束の山で、子ども心に商売っていうのはお金が儲かるんだと思ったな」

暮れになれば、さらに加速する。一斗缶にお札《さつ》がどんどん放り込まれ、上からギューギュー押し込んでまた入れるという、夢みたいな話も。数えている時間がないものだから、缶ごと銀行員に渡して、数えてもらう店も多かったという。

この時期に貯めた資金で、人々は築地からちょっと離れた住宅地に家を建て、子どもを大学に入れた。若い衆は独立して店を持った。

年配の方々に昔語りを聞くたびに、想像の翼は広がっていった。

長屋でサンマを焼く七輪を隣どうし順番に回しっこしていたと聞けば、路地の会話が聞こえるような気がした。

「今年のサンマはいいねえ！」

「坊や、晩はご馳走だぞ」

本願寺の向かい、築地四丁目交差点の角には川魚屋が繁盛していて、生きたドジョウやウナギが竹籠に溢れんばかり。絶えず水を掛けていたと聞けば、ニョロニョロとのたうつ長物の動きやぬめりが目に浮かぶ。私が築地に通いはじめた頃にはまだ川魚屋があって、ある日ターレから魚が箱ごと転がり落ちてウナギが交差点に溢れかえった。通りがかったみんなが手伝い、慌てて拾い集めたものだ。

語り継がれる逸話もある。戦後はスリが多く、見つかると市場の若い衆が手鉤《てかぎ》片手に追っかけて捕まえようと躍起になる。しまいには殺されるんじゃないかと怖くなったスリが、自ら交番に逃げ込んだという。

また、ある店では、儲かりすぎて店に国税庁が査察に来るというので、あわてて金の延べ棒を土に埋めたそうだ。当時小僧だった問屋の親父さんが思い出語りをしながら、

「おれが掘って埋めたあの延べ棒はその後、どうしたんだろう？」

雇う側と雇われる側の関係も今とは異なっていた。当時の働き手は住み込みが多く、寝食を

ともにし、喜怒哀楽を共有し、愛憎を越えて信頼関係を結んだ人々も多くいた。先代の月命日にお線香を上げげに訪れるかつての番頭さんがいる。長年務めあげた女中さんが、大奥さんのいまわの際まで付き添う場合もある。

若い衆だった頃におぶってあやした坊っちゃんが高校生になり、タバコを吸ってる姿を見つけると、こっぴどく叱ったり。それが今は大勢を使う社長に成長しているのを見ると、なんとなくこそばゆい気持ちになるという。あるいは社長と番頭が何十年と共に働き、幸い健勝で店に並んでいて、しゃべらなくても阿吽《あうん》の呼吸で用が伝わるらしい、そんな姿は傍目からみてもしみじみとする。

ただ戦争の爪痕は深く、明るく商売をする人も、心の内に大なり小なり喪失感を秘めていた。昭和二十四年、場外の有志が浅草・浅草寺《せんそうじ》境内に土地を借りて東京大空襲の犠牲者を慰霊する平和地蔵尊を建立した。道具商「丸井屋」の店主、龍郷《りゅうごう》定雄さんが音頭をとったそうで、寄付も相当な額だったのだろう。それは敗戦からわずか数年で、場外が驚くべき飛躍を遂げた証でもあった。

二〇一七年夏、築地のお囃子《はやし》の師匠をつとめる萱さんたちと、その碑をお参りした。慰霊碑に手を合わせる高齢の方々の胸に去来するのは、誰の面影だったのだろう。石碑をぐるりと囲む石柱には当時寄付金を出した店舗の名が彫られ、戦後に嫁いできた奥さんたちは、

「うちのおじいちゃんの名前があります」

と感慨深そうに文字を手でなぞっていた。

てめえは「日向のどぶ板」だ

昭和三十四年には尺貫法が廃止され、一貫は三・七五キロと改められた。鮭でいうと木箱は六、七貫目で、今でいう一七・五キロの箱より一回り大きかった。近年木箱は減り、発泡スチロールが主流となってきている。

海産物は出貫《でかん》といって、産地が規定量より少し多めに出荷するのが慣例だったが、キロ表示に変わってからは表示通りの重量を出荷するようになり、大らかな時代から正確さが求められる時代へと変わっていった。

薄皮を剝ぐようにまちは変化し続け、人も流転していく。示唆に富む話も聞いた。

問屋の親父が言う。

「商売は、コツコツ働いて、ペコペコ人に頭を下げて、地を這うように金を集めているうちはいいが、ある日あぶく銭をたんまり稼いで小金持ちになると、金は人を変えてしまうのさ。そういうヤツをゴマンと見てきたよ。ある問屋はな、たまたま入った金を、いかにも自分の才覚で稼いだようなこと言って、長年苦労をかけた母ちゃんを見捨てて若い女を連れて飲み歩いてさ。俺はヤツが大嫌いで、ある日、面と向かって言ってやったのさ。てめえのようなのを〝日《ひ》向《なた》のどぶ板〟って言うんだって」

日に当たって、そっくり返った木板。だが、いくら日が当たっても、所詮どぶ板はどぶ板なのだ。

温故知新の言葉どおり、過去を振り返り、行く先を考えることは多い。

昨年のこと、若く優秀な女性が知人のツテで訪ねてきた。ロストフードと称する、捨てられる食品の活用方法を考えているという。欧州を視察して、賞味期限ぎりぎりの食品を専門に扱う新業態をレポートしたり、日本におけるロストフード活用の突破口を探しているという。

その話を聞いて、私は菅さんの昔話を思い出した。

「戦争直後は貨車も定刻通りに動かず、小田原から来たかまぼこが、開けてみたら腐っているなんてこともあった。でも飢えるほど食べるものがない時代で、捨てるなんてできない。きれいに洗ってヌルヌルした部分を取り除いて、芯の腐ってない部分だけを集めると、それを安く買いとる人たちがいた。一杯飲み屋でね、煮込んで酒の肴《さかな》で出すと結構売れたらしい。飲む方もなけなしの金で飲むんだから、安いツマミとして喜ばれたそうです」

今日ではあり得ない話だ。流通行程では製造から賞味期限までの半分が過ぎた時点で、製品はもう販売ルートには乗せられない。安心安全が第一、傷んでいないとわかっているものでも、賞味期限が切れたものは、売り手が身内で食べるか廃棄するかだ。

末端に行くほど廃棄は深刻な問題で、個人経営店にとってはロストフード、イコール敗北だと思う。多くの店が立ち行かなくなるのは、経済的に追い込まれるだけではなく、この敗北感に打ちのめされるからだ。

市場には、生産者と消費者のなかだちとして品の良し悪しを見極め、適正価格を形成し、ダブつきやロスをなくす使命があると教わった。難問だが、現在の立場でできることは何かを考えたい。

第6章

築地市場の語り部たち

日本橋魚河岸の頃を知る人たち

本好きのメカジキ君の導きで、場内の大物業会と渡り廊下でつながる南側の棟にある「銀鱗《ぎんりん》会《かい》」を知り、河岸引けには必ず立ち寄った。

銀鱗会とは、市場の図書館。元々は勤労青年たちの教養を高めるため、仲卸の大旦那のポケットマネーを集めて開設したという。市場の資料保存会としての役割も果たしていたので、貴重な文献や昔の業界紙もあり、鮭についての勉強にもなるので、そのお礼もかねて僅かな会費を払い賛助会員になった。

午後の銀鱗会は放課後の図書室の趣きで、夏は扇風機が回り、冬はガスストーブが暖かい。同じ棟には、業界紙「日刊食料新聞」があり、銀鱗会の書庫で、記者さんが資料を調べている日もあった。市場の俳句同好会のご老体が、きまぐれに訪れる日も。

それぞれの語りはジグソーパズルのピースのようだった。扱う魚の売れ行き、今朝のセリでの様子、産地の事情、人の手配、家族の近況、繰り返し議論の対象となる移転問題……頭の中でピースをつなぎ合わせていくと、場外で働いているだけではわからなかった市場の長い歴史が浮かびあがってきた。

たとえば……。

その昔、徳川家康が漁師を伴って江戸に来て、漁師たちは佃島で家康の好物の白魚漁を始めた……だから、佃の文字を配した屋号の仲卸は、その子孫だ。

やがて漁師は日本橋魚河岸で魚を商い、産地からの魚を集荷する問屋と、販売を受け持つ魚屋に分かれていった。問屋は現在の卸会社（荷受）の祖であり、販売を専業とする魚屋が、仲卸の祖である。

大正期まで続いた日本橋魚河岸が関東大震災で全焼し、築地に移転した。震災直後の移転から昭和十年の東京都中央卸売市場の開場まで、生みの苦しみともいえる長い抗争が続いた。そして太平洋戦争による統制と敗戦の悲喜こもごも。戦後の高度成長期と市場の繁栄……何度も挫けては立ち上がる人々の闘いの歴史を、この耳で聞きたいと思った。とりわけ、在りし日の日本橋魚河岸に生きた方々にお話を伺いたいと思い、銀鱗会を通じて石井きんざさん、寳井《たからい》善次郎さん、伊藤春次さんという明治生まれのお三方に、インタビューを申し込んだ。

佃を知る仲卸の大旦那・石井きんざさん

銀鱗会の古い本棚に『その昔 佃島漁師夜話』というタイトルの一冊を見つけた。表紙が厚紙で、単行本より小さな判型である。

著者名は石井きんざ、というちょっと変わった名前。何げなく読みはじめ、読み終えた時には、きんざさんのファンになっていた。

その本は、日本橋魚河岸の祖、森孫右衛門《もりまごえもん》等の生涯を綴った歴史小説である。慶長十七年、摂津（現大阪市）の佃村から徳川家の命をうけて江戸に上った漁師の頭《かしら》が孫右衛門である。江戸で将軍の御膳に供する魚を獲る命を受けたが、残った魚を庶民に売ることを許されて、日本橋に市を開いた。その後、隅田川河口の地の利が良い浅瀬を埋め立てて佃島を築き、本拠地とする。幕府は隅田川の千住大橋から上豊島までを領主の漁場である御留川《おとめかわ》として、佃の漁師に白魚漁を許可した。

江戸は東京となり、埋め立てはどんどん進み、佃も今は島ではなく地続きになった。周辺から白魚が消えて久しいが、この史実は佃の人々の心に今なお誇りとして生き続けている。

孫右衛門とともに江戸に上った一行の中に、きんざさんの母方の先祖・宇右衛門が、さらにきんざさんの奥さんの先祖・半四郎の名もあるというのだから、著者にとっては、まさにルーツを辿る話。

語り口はあっさりとしていて、どんでん返しも衝撃のラストもない。だが、細かな史実を丁寧に調べて、登場人物たちの行動や言動を、まるで見たかのように書き綴っている。佃で育ち、ご隠居になった今も佃で暮らすきんざさんならではの郷土愛に溢れ、「書かねばならぬ」という使命感を感じさせる力作であった。

きんざさんは、海老の仲卸の大旦那である。屋号は佃寅という。河岸の中で、いわゆる佃衆といわれる、佃出身の仲卸ならではの屋号で、由緒正しき大店《おおだな》の旦那だが、その人生は波乱に満ちていた。

幼少時に母をなくし、父が稼業の質屋を破産させたため、十歳にして丁稚奉公に出される。きんざさんの本名は、金三郎である。洋傘屋、質屋と奉公先は定まらず、さらに報知新聞社に給仕として勤め、その後十五歳になって、日本橋魚河岸の佃寅商店の小僧となる。その年、大正十二年の九月一日、関東大震災が起きた。

私はその頃の話を、きんざさんに聞きたかった。自分の祖先である佃の衆が開いた日本橋魚河岸で働くのは、どんな気持ちだったのか。幼い小僧さんだったきんざさんの目に映った佃島や魚河岸は、どんなだったのか……。

仕事帰りに何度か佃島をうろついて、ある日表札の掛かった家を見つけた。もし、家の前で夕涼みでもされていたら、偶然を装って話しかけてみたいなと思い、行ったり来たりしてみたが、玄関が開くことはなかった。

実は、佃寅の事務所は場外のうちの店と同じ通りにあるので、息子さんは毎日、河岸引けに前を通る。だがきっかけが摑めず、何年か経った。

佃が本祭の年だった。

佃の若い衆は休みのたびに集い、島の運河に埋めてある御柱《おんばしら》を立てるなど祭の準備に余念がなかった。近所の店の若旦那も、若い頃から祭に参加し、今や頼れる兄貴分のひとりとなっていた。「見においで」と言われて休市日にカメラを持って訪ねると、

「この橋の下に埋めてある御柱は、徳川時代から、ずっと同じように川に埋めて保存しているんだ。柱に付ける佃の幟《のぼり》は、徳川家から特別に許されて立てていた大幟で、昔は江戸城から見えたんだぞ」

と、得意げに語った。

都会のど真ん中なのに、曲がりくねった路地や井戸端などに漁師町の面影が残り、そんな佃の中心にある赤い小さな橋から祭の準備を眺めているのは楽しかった。橋を渡りすぐ右に曲がると銭湯、その先に神社。橋からまっすぐ進むと盆踊りが行われる小さな広場があり、普段は子どもたちが駄菓子屋でアイスを食べていたりする。

広場を突っ切ると隅田川から島を守る堤防に突き当たり、ここは昭和三十九年までは、渡し船の船着き場だったという。堤防の前に佃煮屋が二軒並んでいて、店の縁台に座れば、川風がスーッと吹きわたる。

佃といえば佃煮。「戦前、佃には七軒の佃煮屋があった」と、きんざさんはもうひとつの著書『人生哀歌』に書いている。

なんでも実父が佃松という屋号で佃煮を売っていたそうで、息子として佃煮には一家言あるようだ。江戸の頃、佃島の漁師の女房が山岡鉄舟に届けた小魚の煮つけを、鉄舟が「佃煮」と呼び、大層喜んで食べていたとのこと。また、かつての佃煮は塩あるいは醤油で煮つけたもので、砂糖を入れて甘くなったのは明治以降であるとも綴っている。

神輿《みこし》が出る前夜、暑くて風のない夜だった。神社には美しい造作がなされて獅子が飾られ、小さな境内は人でいっぱいになった。

お年寄り、旦那衆、若者、女性、子どもたち。それぞれが揃いの浴衣や装束を身に着け、厳かな儀式が始まる。きんざさんも、この中にいるに違いないと思った。いよいよクライマックスとなり、魂入れの儀式が始まった。

「皆さん、カメラのフラッシュをたくのはご遠慮ください」

繰り返し注意が促され、一同が輪になってうつむく。次々に周囲の灯が消えていき、都会では見たことのない漆黒の闇となった。その瞬間、御神体が神社から神輿に移される。誰も直視してはいけないのだ。

佃の神輿は珍しい八角で、大層な資金をかけて大切に保存されてきたのだそうだ。その優雅な姿を見たくて、本祭には多くの人々が集まる。嫁に行った娘やその子どもたちも実家に集まり、友人なども寄せて家々は賑わう。神輿は丸二日かけて佃・月島・勝どきを巡り、祭が終わると佃の夏も終わる。

この祭を見たことがきっかけで下町への淡い郷愁を懐《いだ》き、その後私は勝どきに引っ越すのだが、当時は、地元の人々にとって思い入れの強い祭というものに、ただただ圧倒されていた。

「休みは月一日だった」小僧時代

その後三年が経ち、大物業会のメカジキ君とともに、銀鱗会を通じてきんざさんへのインタビューを依頼することにした。きんざさんの著書二冊を胸に抱いて、かなり緊張して佃のお宅を訪ね、憧れのその人の座敷に上らせていただいた。

「震災の日は、どうしていらしたのですか?」

「河岸からの帰り道で、グラグラと揺れて怖くて、ダルマ船に乗せてもらって避難して、それから佃の渡船で帰ってきたんだよ」

「それから?」

「女子《おんな》どもは船で避難させたけど、男は佃に残った。そのうち佃にも火の粉が飛んできて。先代と一緒に屋根に上って火の粉の行方を追って、それを、みんなで井戸の水を汲んで消して、そう、バケツリレー」

「消えたんですか？」

「消えたんじゃあなくて、消したの」

だから、佃は焼け残った。

こちらの緊張をほぐすように、丁寧に話してくださった。

それから聞きたかったのは、小僧時代の話。

「私が小僧の頃は、河岸の休みは毎月二十二日の一日だけ。それに盆と正月。だけど大晦日は売掛の掛取りが済むまでは帰れません。朝方ようやく仕事じまいとなり、銭湯に行くと、もう湯がどろどろでした」

「ひえぇ～」

「それで、二日が初荷ですから。昔はよく働きました」

そんな働きぶりが認められ、佃寅の娘さんと夫婦になり、店を継いだ。

よくよく真面目な人だが、回りにはたくさんの面白い人たちがいたという。昔は佃に、演芸場や博打場があった。

新内《しんない》・都々逸《どどいつ》・俗曲《ぞっきょく》など芸事にはまって芸人になったが芽が出なかった人、サイコロで身ぐるみ剝がされた人、酒に溺れた人、女に入れあげた人、借金をして返さない人、役者や相撲取りに稼業のマグロ一尾ふるまったりしているうちに身代を傾けた人。

失敗した人がいれば、成功した人もいる。稼業の暖簾を大切に商売に励む人、出世したら偉そうになった人も。下町に似合いの、かたぎじゃあないがしっかりもののおかみさん、意地でも再婚相手の子どもを可愛がる男などもいて、きんざさんが語る人々の生き様が心に沁みた。

昭和九年から、きんざさんは都新聞（現東京新聞）の都々逸欄に投稿するようになった。人の世の常を、七・七・七・五調で詠《よ》むのが都々逸で、俳句や川柳よりも世話話が似合う。

まだ煉瓦《れんが》道だった子ども時代の銀座、佃島の風情、台風で水浸しになった月島、徴用工として通った中島飛行機製作所、終戦直後の新橋闇市……そして築地魚河岸での日々。きんざさんの都々逸は、当時を知らない私を在りし日に誘う。

長い話の後、持っていった著作本の奥付に、筆で書いていただいた。

「明治は遠くになっても江戸が
残る佃の夏祭り」　　きんざ

この本は、私の宝物となった。

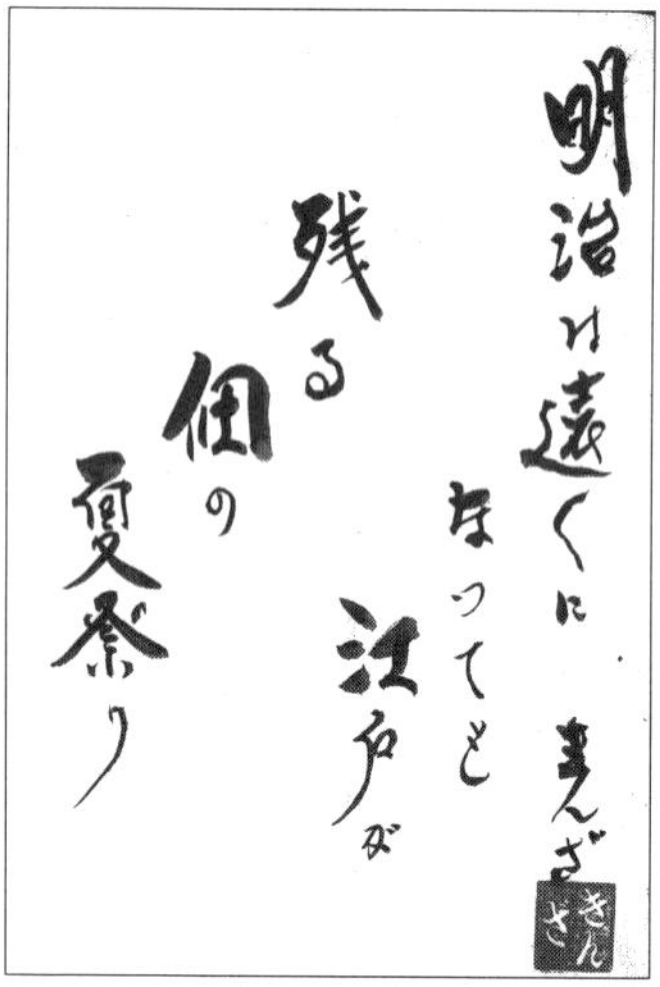

著書『その昔 佃島漁師夜話』に直筆で書いていただいた石井きんざさんの都々逸

マグロの大店「大善」の十九代目・寶井善次郎さん

大善さんといえば、言わずと知れたマグロの大店である。十九代目の主の名は寶井善次郎さん。築地の仲卸として何枚もの看板をもつ華麗なる一族の頭で、私がお訪ねした時はすでに九十代、ご子息に店をゆずられ、悠々自適の隠居生活を送られていた。

先祖は徳川様とともに江戸に上った佃の衆で、幕府に日本橋魚河岸開設の許可を願い出た三人のうちの一人であった。また、元禄時代、寶井家の家系図に登場するのが、芭門十哲《しょうもんじってつ》として名高い俳人、寶井其角《きかく》。当時の河岸は、吉原、歌舞伎座と並ぶ江戸の名所。日本橋魚河岸では一日千両の金が動くといわれる繁盛ぶりだった。

夕すずみ　よくぞ男に　生まれける　　　其角

江戸っ子、其角ならではの、明朗な句だ。粋な若い衆や子どもたちが、ひとっ風呂浴びて川風にあたっている姿を想像してしまう。俳句を通じて赤穂浪士との交流もあり、寶井家には震災前まで、四十七士のひとり大高源五の短冊も遺されていたという。

江戸時代中期、魚河岸はすでに市場の基本のスタイル、つまり魚を集荷し、さらに分荷するという形が出来上がっていた。

浜から魚を買いつけるのは「問屋」で、今の荷受け（卸会社）の原型である。当初、問屋は日本橋川に荷揚げ用の舟を置いて中継地点としたが、やがて河川に固定式の「平田船《ひらたぶね》」と呼ばれる浮舟を設置した。

平田船はさしずめ水上のプラットフォームで、各地からの荷は、産地別に着ける場所が決められていた。小揚げと呼ばれる荷揚げの専業者が、次々に魚を陸に揚げて問屋に運んだ。小揚げという言葉は、陸上輸送がメインとなった現在も、市場内運搬業者の名称として引き継がれている。

当時、平田船の〝友〟という荷捌きの天才がいたそうな。彼が興した運送会社が、現在の築地市場の配送会社のひとつ、平友運輸である。

一方、現在の仲卸の原型は日本橋魚河岸でいうところの「仲買」で、彼らは問屋から魚を買い受けて、棒手振り《ぼてふり》（天秤棒《てんびんぼう》で魚を担いで売り歩く行商人）や料理屋に売った。当時の名残りで、築地では仲卸のことを、今でも親しみを込めて「仲買さん」と呼ぶ。

日本橋時代、仲買は店前の公道に、魚を並べる長さ五尺（約一・五メートル）の「板舟《いたぶね》」を設置し、道にはみ出る格好で営業した。板舟に並べた魚には、柄杓《ひしゃく》で井戸水を掛けて鮮度を保ったという。

板舟は後に仲買の営業権そのものとなっていく。関東大震災後の築地への移転時に、板舟権をめぐる権利問題は、板舟権疑獄といわれる贈収賄事件にまで発展した。このトラブルは、魚河岸で商いをするうえで、板舟権がいかに重要だったかを物語っている。

築地市場の買荷保管所「茶屋」の制度も、この頃に生まれている。当時の茶屋は買った荷物の保管所としてだけでなく、魚屋たちが下拵《したごしら》えをする場所でもあり、おまけに喫茶店や旅籠《はたご》の役割も果たしていたようだ。

寶井家は、いわゆる「問屋兼仲買」で、日本橋魚河岸の老舗であった。

江戸後期、寶井家に黄金期が訪れる。二代続けて番頭を入り婿とし、盤石の布陣で経営体制を整えた「大善」は着々と富を蓄える。そして遂に、善次郎さんから遡ること三代前に、「魚屋の大名」と呼ばれる吉五郎が登場する。

この人物は魚屋で成功するだけでなく、金相場や芝居興行でも当てて、家は小判で溢れかえったとの逸話もある。だが商売に浮き沈みはつきもので、あっと言う間に巨万の富は消えていった。それでも大善は魚河岸の老舗であり、暮らしぶりは豊かであった。

幕末から明治にかけて、魚河岸はどのように変化していったのだろうか。将軍家への御用納めという威光を最大限に利用して繁盛した魚河岸だが、幕末が近づくにつれ将軍家は困窮し、河岸は御納屋《おんなや》という魚の取り立て役人の横暴に泣かされた。取り立ての役人が来ると、魚屋たちは押し入れはおろか、便所にまで魚を隠した。だが、倒幕とともに士族は消えていった。

徳川への恩義や薩長への反感はあったものの、江戸の商人はあっさり明治政府の傘下におさまっていった。すなわち明治以降、魚河岸は幕府に魚を納めるのではなく、政府から問屋・仲買の鑑札を得て、納税の義務を追うことになる。

明治政府は海陸運・重工業に集中的に投資し、日本は飛躍的に近代化していく。日清・日露戦争を経て、漁業も沿岸から遠洋へと、驚くべき進歩を遂げていった。

東京の都市化も進み、人口も増え続けたから魚河岸の商売は順調だった。しかし日本橋魚河岸は新時代の市場としては狭く、設備も江戸時代のままで近代的とは言えず、老舗の既得権が強く排他的だった。

政府にしてみれば、国家の中枢である皇居・丸の内からほど近いこの地域はむしろ金融街としての発展が望ましく、河岸に度々立ち退きを迫った。当然のことながら問屋・仲買等、地元の抵抗は大きく、揉めに揉めたまま月日は過ぎ、紛糾しているうちに、魚河岸はますます近代化から取り残されていった感がある。

今日の築地移転問題にも重なる話だ。

セリは築地で始まった

そんな時代を背景に、寶井家十九代目の当主、善次郎さんは明治四十一年に生まれた。河岸の中心、二十軒通り（安針町）で産声を上げ、店の二階で多くの兄弟や奉公人に囲まれて育った。大善は父の時代に三崎の荷主からマグロを買いつけるようになり、荷主との縁が深まるにつれ、マグロ専業の問屋兼仲買となっていった。

当時はまだ、マグロは河岸の稼ぎ頭ではない。冷蔵庫のない時代だから、氷詰めにしても魚の傷みは早い。むしろ塩鮭など、ある程度保存がきき、相場を張れる魚のほうが商売として旨味があったそうだ。

大善さんが日本橋魚河岸で暮らした頃の話を聞くために、私とメカジキ君は、善次郎さんのお宅を訪ねた。玄関でたまげた。なんて大きな家なのだろう。まるで「暴れん坊将軍」のセットのような邸宅。その座敷に鎮座する善次郎さんは、ご隠居というより将軍みたいに見えた。

「日本橋魚河岸の夏祭のマグロ山車《だし》について、伺いたいです」

メカジキ君とともに座敷に上がってすぐ、出されたお茶を飲むよりも先に尋ねた。

マグロ山車の写真は事前に銀鱗会で見ていた。

大正九年の日本橋。大善の店前をおよそ一五メートルもあるマグロの模型というか、巨大な立体物が、祭の装束を着けた男たちに囲まれ、力強く前進している。まだポピュラーではなかったマグロを、世間に知らしめたいという善次郎さんの父の熱意が伺える。

「あの山車は、私の親父が作ったものでね、そのとき私は十二歳で、山車の先導の金棒《かなぼう》引きを勤めていたんだよ」

ガシャーン、シャン！　と金棒で力強く地面を突く、あどけない善次郎少年の姿が目に浮かぶ。ちょうどその年の春に小学校を卒業し、すでにマグロ屋の後を継ぐことを決めていたのだ。何という迷いのない人生。父も、祖父も、曾祖父も日本橋で生きてきた。自分も同じようにこの土地で……との純真な少年の決意だった。

大正十二年、関東大震災が起きて、とんでもない転機が訪れる。日本橋魚河岸が全焼。政府は現地再整備を許さなかった。

善次郎さんにとって日本橋は忘れがたい故郷。だが若い大店の跡継ぎは、築地という新天地に賭けた。昭和十年の築地市場開場に際して、行政は問屋と仲買を明確に切り分け、大善は仲卸となった。同じ年、初めての〝セリ〟がスタート。

日本橋時代には分配方式だったという。それは、店の名前を書いて丸めた新聞紙を無作為にマグロの背中に載せて、開けてみるとどの店がどのマグロを買う権利を得たのかがわかるような仕組みだった。まるで運試しだ。

一方、築地で始まったセリは、才覚と度胸と運が試される勝負の世界である。毎日繰り返すマグロの下見とセリ、セリ落としたマグロの解体、時に一尾ウン百万という巨額の支払い。経験を重ねて度胸を身につけ、日々の難局にもビクともしなくなる。肝が座ってくるまで、日々修行だったたという。

やがて、ベテランと呼ばれるようになった頃、日本沿岸のマグロが急減し、冷凍マグロの時代がやってきた。これまでの経験は通用せず、一から勉強のし直しで、それも乗り越えた。

大海に出たら、死ぬまで泳ぎ続けるマグロのように、パワフルな生涯。そして寶井さんは面白い人なのだ。ある日、銀鱗会でこんなエピソードを聞いた。

「大善の大旦那は、すごく気に入ったマグロがあると隠しちまって売らなかったそうだ。で？　そのマグロがどうなったのかって？　腐っちまったんだ！」

魚河岸というところは、とかく話が大げさに面白く語られるのが常だから、本当かどうかはわからないし、恐れ多くてご当人には聞けなかった。

目利きというのは、魚を冷静に見る目を持つ人々のことだ。毎朝、セリ前にマグロを睨《にら》む仲買人の眼差しは真剣そのもので、話しかけるのも憚《はばか》られる。

きっと彼らの脳裡には、これまでに見てきた何千何万尾ものデータが構築されていて、その情報をフル稼働しながら品定めしているのだろうと思う。善次郎さんはそんな冷静さと魚河岸の若様らしい明るさを併せ持つ人だ。

「どんな困難も、乗り越えられる」

と善次郎さんは真顔で言った。あの邸宅を訪ねた日からずいぶん時が経った。すでに大御所が亡くなられて久しいが、時折「そう、乗り越えられる」と、言い切ったその真顔を思い出す。まぐろの下見で使う懐中電灯の光のように、こんな私にも活を入れてくれる。

大善さんの長い話が一段落し、よく手入れされた広い庭に出てみる。中心に築山があり、祠《ほこら》が建っている。近づいて覗き込もうとしたその時、座敷から「こら～～～っ！」と、凄い怒鳴り声が飛んできた。

それは寶井家の守護神「龍神」を祀《まつ》った祠で女人禁制らしい。「スミマセン！」びっくりして謝った。その時の大善さんの渋顔も、忘れ難い。

日本橋から築地へ、権利問題収まらず

日本橋魚河岸に限らず魚市場というのは、漁師が獲った魚を持ちより、集まった人々に相対《あいたい》で売るというシンプルなスタイルから始まっている。

市場が繁栄すると、魚の販売は、漁師の片手間仕事ではできなくなる。そこで漁師は漁に専念し、販売は、買いつけ専門の問屋が船で浜を回って集めた魚を市場で売るという分業体制ができていった。

さらに規模が大きくなると、問屋は買い付け専門になり、販売は仲買業者が行うようになった。そうした経緯で、関東大震災前、日本橋魚河岸には集荷専門の「問屋」、販売専門の「仲買」、その両方を兼ねる「問屋兼仲買」という三タイプの魚屋が営業していたのである。

江戸時代から続く問屋というのは、仕入れの資金や運搬船を調達できる大店である。中には固有の浜と契約を結び、漁船・網などの設備を提供するかわりに獲れた魚を丸ごと買い上げるなど、大規模経営で浜を牛耳る実力者もいた。

ところが明治以降、浜の漁師たちのしくみが大きく変わってきた。まず、富国強兵の波に乗り、船舶が驚くべき進歩を遂げていった。漁船はトロール（底引き網）時代に突入。巨万の富を得た船会社は、地方市場を牛耳るほどの力を蓄えていった。そんな時代に関東大震災は起き、首都東京における市場のあり方をも変えていくこととなった。

大正十二年の震災で日本橋魚河岸は焼失した。急遽《きゅうきょ》、芝浦二丁目に仮市場が開設されたが、手狭、不便、不衛生とのことで、まもなく築地の海軍省所有地へ移動した。

築地市場本施設が出来上がった昭和八年時点で築地の問屋は一八、仲買は五二三、問屋兼仲買は七五三となっていた。復興していく東京の台所として、市場は上り調子だった。

それだけに揉め事も多かった。昭和十年の築地市場の正式開場まで、日本橋時代の板舟権《いたぶねけん》・平田船権《ひらたぶねけん》をはじめとする様々な権利、さらに組織の再編をめぐって、市場関係者は揉め続けた。

そもそも日本橋魚河岸の各店が持っていた板舟権とは、売り場とはいえ公道へはみ出した部分の権利で、言ってはなんだが当時の河岸の組合が、勝手に権利化したものではないのか……。平田船権も、いうなれば河川上の舟の使用権で、天災で消滅したのだから主張できないのでは……。

平成に生きる私はそう思うが、日本橋の老舗たちは猛烈に権利を主張した。もちろんお店《たな》の資産を左右するわけだから、引かない気持ちもわからないではない。

さらに築地市場開場にあたり、全問屋を一社に統合しようという派閥と、複数の問屋で営業しようとする派閥が激烈な闘いを繰り広げていく。

当時は市場の得意先であるまちの魚屋さんたちも、やたら元気だった。事あるごとに仕入れに関する難癖を市場にぶつけ、婦人運動家などを巻き込み、不買争議を繰り広げる。

（なんでそんなに、みんな主張が強いのだろう…？）

だが既に時は六十余年を経て、組織に属していた誰もが引退していた。私は銀鱗会のガラス戸のはまった本棚に並んでいた魚河岸の人々の著作本を次々に読んでいった。

その中の一冊『魚河岸の記』（近藤正弥著／東京書房社）は、当時の歴史を辿るための教科書のような本で、私はノートをとりながら複雑な流れを理解しようと格闘していた。近藤氏は銀鱗会の真上にあった「日刊食料新聞」の元社主で、記者ならではのフットワークで当時の出来事を綿密に記録していた。この本の中ほどに、伊藤春次さんという人物が登場する。

伊藤さんは、震災直後に関西から上京し、問屋「いせ高」を起こす。その後、築地市場で新興勢力として活躍するだけでなく、正式開場に際して問屋を単一化に導いた。

私は次いで『伊藤春次小伝』（岡本信男著／いさな書房）を読み、意を決して銀鱗会を通じ、伊藤さんにお話を伺いたいとお願いし、相棒のメカジキ君と自宅をお訪ねした。

伊藤春次さんに聞く築地の創成期

伊藤さんは矍鑠《かくしゃく》としていて、背筋がピンと伸びた感じが近寄り難かった。だが相対すると、意外なくらい率直に、つたない私の質問に答えてくださった。今は築地市場協会の会長であるご子息の裕康氏が、フォローしてく

副題に「魚市場人」と付けられた『伊藤春次小伝』の表紙

だった。

伊藤春次氏は明治中頃、淡路島に近い沼島に生まれた。網元一族の家で育ち、ごく自然な成り行きで神戸の市場に勤め、その後共同水産（現ニッスイ系）に籍を置いた後、一念発起して上京し、震災後の築地で問屋「いせ高」をスタートさせる。すでに神戸で水産流通の基礎を学んでいたが、やはり上京しての起業は大冒険だったという。

震災後の東京は、才覚ある若者にとって、夢を実現するにふさわしい舞台だったはずだ。関西時代の知縁である林兼商店（現マルハニチロ）から荷を引くことで、問屋として急成長した。仕事の幅が広がるにつれ、同業者との絆も深まっていった。

当時、日本橋の小僧から出世し、問屋「堺辰」を起こした田口達三氏、やはり小僧上がりで問屋兼仲買「安倍商店」を起こした安倍小治郎氏、問屋「伊勢常」の跡取りである相沢常吉氏・喜一郎氏親子など、成長株の問屋は、互いに引き寄せられるようにして親睦を深めていった。

皆、住まいが築地一～二丁目だったこともあり、集まって議論を重ねるうちに、問屋の単一化へと意思を固めていったそうだ。

なぜ、多数の問屋を一社に統合しようとしたのか。それは「市場の問屋が増えて過当競争が激しくなり、無益な潰し合いを避けるために単一の卸会社を作る必要があったからだ」と伊藤さんは言う。

すでに国家は震災の年に中央卸売市場法を公布し、六大都市を指定区域として行政主導の市場法を整備していた。卸売の単複問題は各地方のそれぞれの市場で議論されていった。

築地でも、昭和九～十年には複数の卸会社ができたが、結果的にそれらを合併して一社に統一する。その過程は、まさに生みの苦しみであった。

昭和十年六月、七〇〇もの老舗、つまり既存の問屋・問屋兼仲買が出資することで、資本金二七〇〇万円の卸会社が生まれた。社名は東京魚市場会社という。設立に当たって各老舗の営業権を査定し、会社への現物出資とした。

その査定を行ったのが、発起人たちによる投票で選ばれた創立委員で、伊藤さんは、正副委員長に次ぐ得票数で委員に選ばれ、査定の中心人物として会社創立への道筋をつけた。

箱根の旅館に泊まり込んでの審議が十四日間続いたという。

東京市は、この卸会社一社を荷受けとした。同時に、正式に許可した仲買一三七六社、川魚仲買三三社をもって、築地新市場をスタートさせた。

東京魚市場会社で伊藤さんは荷主課長となり、徹底的に荷主を巡っていく。北海道から北陸・関西・九州まで全国をくまなく歩き、各地の浜の状況を把握し、物流の確保から配送時の品質管理まで、荷主の指導に明け暮れた。

やがて日本は戦時下となり、昭和十六年、鮮魚介配給統制規制が実施される。それは自由販売が禁止され、卸会社は単に国家の配給の窓口となることを意味した。入荷の激減で東京が食糧難に苦しむ中、伊藤さんは産地を巡って集荷に苦心し、樺太から船で北海道に帰還した直後に終戦を迎えたという。

終戦後、まもなく統制が解除され、市場もまた戦後復興へ向けて走り出すが、民主化の流れのもと、ＧＨＱの意向で卸会社は戦前の単一会社から複数化されることとなった。

あっという間に卸会社が乱立したが、短期のうちに淘汰され、残るべくして残った数社が、築地市場の戦後の荷受け機関となる。その一つが伊藤氏率いる「中央魚類」である。

伊藤氏は戦時下、八戸や宮古など三陸の荷主たちと深い信頼関係を築いていた。その地縁が、新会社「中央魚類」設立の原動力となった。三陸の豊かな漁場には勝算を確信させるだけの魚がいた。

中央魚類は伊藤氏の徹底した産地基盤志向のもと、八戸の夏堀源三郎氏を社長に迎え、築地市場の荷受け組合としてスタートを切った。社名は、全国流通の中心という意味で、中央魚類、○に中と書く屋号から市場では誰もがマルナカと呼んでいる。

話を聞いた頃、私は自分が働く築地の成り立ちを知りたくて、夢中になって質問し、伊藤さんは、丁寧に答えてくださった。築地の創成期の物語に圧倒されて、ただ頷くことしかできなかったが、今振り返ると、志を持って前へ進むなら、叡智《えいち》を尽くせと言われたように思う。

後に私は、鮭屋の商売を引き継ぐにあたり、初めて卸各社と契約を結ぶこととなった。以来、各社の方々に品物の見極めから商売道徳まで日々学び、現在に至っている。道は険しく紆余曲折が続くが、その曲がり角に、必ず魚がいるのが市場だ。

第7章

鮭屋を継ぐ！

しゃけこ、銭ゲバになる

今から五年前（二〇一三年）、長年私を雇ってくれた店主が、

「あなたが店をやるなら、譲ります」

とバトンを渡してくれた。私は、

「これまでと変わらず、二人で続けるなら、引き継ぎます」

と答えた。立場を交換した二人は、ともに店を営んでいくことになった。

二〇一四年が明けて、引き継ぎの日が来た。朝、いつもと同じようにシャッターを開け、「おはようございます」「おはようございます」と挨拶を交わし、二人でショーケースに鮭を移し、私はまな板の前に立って鮭を切りはじめた。

これまでと同じように。

だが、私は徐々に変わっていった。

かなり情けないかたちで。

私は鮭を切るのが好きで、そのためなら何事も厭《いと》わなかった。凍える冬の夜明け前でも、日が暮れて月が出ようが、鮭を切ればそれでよかった。だが、商売には無頓着だった。店の金

銭に関心を持つのが嫌だったというのも事実だが、怠惰でもあった。

「今、ここに並んでいる切り身を売り切ったら帰ってもいいんなら、一生懸命売るけどなあ……」

と、好きなことだけは一生懸命やるが、それ以外のことには意欲を持たず、売れようが売れまいが経営者の責任だと思っている、ダメ店員だった。

数十年を過ごしてきた店から、学ぼうとしなかったツケが、いきなり来た。

どこから始めていいのかわからない。

我が店は「ガツガツしない、家庭的な雰囲気の店」と評価をいただいていたのに、いきなりガツガツしはじめた。

まず、経費の節減だ。

（鮭一切れ売って、仕入れ値を引いたら、いくら利益が残る？）

（利益から、税金・家賃・人件費・水道光熱費・消耗品費・交通費・交際費・修繕費・広告宣伝費もろもろを引く。……で、いくら残る？）

一銭も残らないどころか、マイナスではないか。

倒れそうになった。

毎朝、飲むコーヒーを見つめると、「これ一杯買うために、いくら稼げばいい？」。考えはじめると、コーヒーが不味くなる。酒を飲んでも、酔えなくなる。

どんどん経費のチェックが細かくなっていった。

ビニール袋一枚、輪ゴム一本まで、惜しくなる。

ガラスのショーケースを拭くペーパー一枚あたりの金額を算出すると一二円。

（一枚使ったら、ひと月で三六〇円、二枚使ったら、ひと月七二〇円……）

綺麗好きな元店主が、三枚目をシュッと取り出したところで、私は金切り声をあげた。

「すみません！　そのペーパーは高いので、一日一枚を限度に使ってください！」

元店主は、呆れたような、情けないような顔で、私を見返した。

こんなことで、やっていけるのだろうか……その表情が語っていた。

「魚屋のエプロンをはずしなさい」

場内へ足を運ぶ目的が変わった。店を継ぐ以前は、「食べたい」ために見てきた魚だが、これからは「売りたい」魚を見て歩こうと心に決めた。

通い慣れた仲卸の店が、急に近寄りがたい存在に思えた。

毎朝欠かさず、通路を端から端までくまなく歩いた。一通路を歩ききるのに十分くらいかかる。すべて欠かさず網羅すれば、軽く一時間が過ぎる。

ひたすら魚を見た。マグロ、海老、川魚、タコ、貝類、特種《とくしゅ》といわれる寿司種、青魚はじめおかずや酒の肴となる鮮魚、タイやヒラメなどの活魚《かつぎょ》、バカでかい発泡スチロールに並ぶ冷凍魚、干物、乾物、おでん種等の練り製品、そして塩鮭をはじめとする塩干……。

気になる魚があれば、店の名を暗記した。把握するまでにひと月。

慣れてくると次は価格や数量を知るために歩いた。チェックした魚の値段を脳裡に刻み、少し歩いてから人の邪魔にならない柱の影などで立ち止まり、メモをとる。値札が付いていない場合が多いため、声は掛けづらかった。

それでも、繰り返し見るうちに、キロ単価が小さく書いてあったり、英語圏からの箱の表記がポンドであることにも気づいたり。たまたま気になる商品を陳列している店の主人がお得意さんと話している場面に出くわすと、魚を見ている体で、耳をダンボにして盗み聞きしたこともあった。

顔見知りに出くわした時は、

「なにしてんの？」

「魚を見て勉強しています」

と言ったら怪訝そうに「あ、そう」と言うなり、忙しそうに仕事に戻っていく。いきなり緊張の糸が切れて「今日は撤退」と、自店に戻った日もあった。

数か月たった頃、ようやく売っている人間を見る余裕が出てきた。いつも怒鳴っている人、まったく話さない人、声のデカい人、早口な人……。自分にも店で過ごす日常があるのと同様、仲卸にも日常があった。

魚市場は圧倒的に男性比率が高く、男性主導の印象は免れないが、会計を受け持つ帳場は女性が多く、その手元に並ぶ暗号のような張り紙には圧倒された。

ずらりと年配の女性が居並ぶ帳場の風景に、目が釘づけになった。

(なんて迫力があって、カッコいいんだろう……)

私はカメラのシャッターを切るように、それぞれの店の取引方法を記憶した。

頭の中のスクラップが彩り豊かになりはじめた頃、少し慣れたかなと思った。

半年後、「これは!」と思う鮭を見つけた。

何回か店の前を行ったり来たりした後、思い切って声をかけてみた。

「よい鮭ですね」

相手は黙っている。少し戸惑ったが、勇気を出してみた。

「この鮭を、売っていただけますか」

相変わらず黙っている。どうしたらいいのか……。もう一度、はっきりと大きな声で尋ねた。

「この鮭を売っていただくことは、できますか？」

「ダメだ」

控けて、撤退した。

なぜだろう？

「魚屋のエプロンをして行くんじゃないよ」

ある日、そう忠告された。

「あんたは、おかずを買いに行くわけじゃない。ちゃんと仕入れをするなら、まず前掛けをはずしなさい。そして名刺を出して、自己紹介から始める！」

どこの店の店員だかわからないが、魚屋のゴムのエプロンをしたヤツが来て、ジロジロ眺めて、いきなり魚をくれだと……。偵察か？　客は店を見ているが、店も客を見ている。

……そんな声が聞こえてくるような気がして、身が縮む思いだった。

改めて、自分の店の前を通る人々を思い起こす。

毎朝時間通りに来る人、曜日を決めて来る人、竹の籠《かご》を背負って来る人、自転車を脇道に止める人……。何十年も通っている人でも、どこの誰だかわからない場合もある。でも、必ず通るその人たちは、長年の市場のお客さんだ。

ばったり姿を見せなくなると「どうしたのかね」と噂したりする。仕入れは常に、クローズドな人間関係の中で成立している。プロの商いの場である場内なら、なおのこと。

その後、遅ればせながら徐々にＴＰＯを身につけ、今では仲卸店舗でのやりとりも以前よりスムースになった気がする。

商売は人に教わるものではなく、試行錯誤を繰り返して自分なりの切り抜け方を見つけるしかない。魚を扱う多くの人と接する日常のなかで、私たちは揉まれ、一人前になっていく。

プロ中のプロは手間を惜しまない

私が店を継いだ時期、すでに場内の豊洲移転は決まっており、二〇一六年秋、移転後の築地で新たに魚の販売をする新施設「築地魚河岸」が仮オープンした。この施設への出店者は仲卸で、場外で小さな店を営む私にとっては、飲み込まれるかもしれない脅威の存在に思えた。

私はオープンしたその施設に足を踏み入れることができずにいた。数日後、思い切って施設入り口の自動ドアの前に立つ。扉は開いた。一歩踏み出す。

ツヤツヤしたアワビ、乳白色の大粒のカキ、身がパッツパツの小蛤《はまぐり》、パンパンのホヤ……店頭にズラリと並ぶ新鮮な貝類に、手際の良いスタッフ、目を見張るばかりのピカピカの新店に、気圧された。

光沢あるアオリイカを見つけ、「これ、ください」と、小さな声でひと言。

「どうやって食べるの？」

「ええと、お昼にまかないで……」

「あのさ、五分待てる？」

「ハイ」

こちらが答えると同時に、スタッフの手が素早く動き出した。

イカを流水にあててサッと身を開き、胴を横半分に切り、包丁を立ててササササと縦に細切りにして糸造りに。もう片側は縦に切れ目を入れて逆さに返し、上に焼海苔を載せてクルッと巻く。これを輪切りにしてアッという間に鳴門造りに。下足はサッと湯通しして、三種盛りの出来上がり。

「お待たせ！」

さっきまでの畏れは、五分後、感動に変わった。

「ありがとう」の言葉はお世辞ではない。これぞ手間を惜しまない対面販売だと思った。客一人ひとりの望む以上のかたちを提供する。私はそんな販売ができているだろうか。他店を怖がっている暇があったら、自分を少しでも改善すべきだと実感した。

（恐れるな、ここで得るものは多いのだ……）

仲卸は開場以来八十年、ここ築地に看板を掲げてきたプロ中のプロ。臆せず頭を下げて学ばせていただこうと決めた。

思い切って飛び込んでみたら、思わぬ収穫もある。

今冬、早朝のセリ場で同業の仲卸さんに会ったら、

「口黒マスを見ましたか？」

と言う。「いいえ」と答えると、

「見ていらっしゃい、いい魚でしたよ」

早速、売り場に行くと、初めて見る魚だ。体長は三〇センチほどで内臓も入ったままの生冷凍。スッと伸びた美しい魚体に惹かれて注文した。オホーツクの定置で初冬の一時期漁獲される魚だという。

入荷したので、お客様に薦める前に、まず三枚におろしてムニエルで食べてみる。鮭と比べて遜色《そんしょく》ない味だが、これは昆布〆《じめ》が旨いだろうと思った。

解凍する前に三枚におろし、骨も皮も取り除いた身を厚手の昆布の間に挟んで二日、冷蔵庫で寝かせた。そぎ切りにして食べたら旨い。酢飯で押し寿司にしたら、さらに旨かろう。

朝、店の前を通るお魚普及センターの博士に聞いたら、魚類図鑑を見せて下さった。口黒

（クチグロ）は「サクラマス」の地方名で、オホーツク海で夏を越して南下する未成魚だそうだ。北海道では河川の改修が進んで一九八〇年以降は漁獲量が減少し、築地でも滅多にお目にかかれないとの記載だ。

またひとつ、鮭鱒のマイ・フェイバリットが増えた。

「あのマス、美味しかったです！」

件の仲卸さんに報告したら、ちょっと笑ってくれた。

鮭を食べつくせ

店を引き継いだことを、場外市場の理事長である「鳥藤」の社長（当時）、鈴木章夫さんに報告すると、こう聞かれた。

「お母さんとは、どういう話をしているの？」

通称〝お母さん〟、すなわち当店の前店主である。

「お互いに役割を交換して、これまで通り一緒にやっていきます」

と答えたら、「そう、それはよかった」と微笑んだ。

市場の商店では、親子で店に出ている場合が多く、名字だとどちらか区別がつかないので、自然に名前で呼ぶことが多い。

また当店のように血縁ではなくともお母さん、娘さんと呼ばれることもある。どちらの場合も、単に名字ではない呼び方が親しみを感じさせて、市場の良いところだと思う。

章夫さんは、まちのお囃子《はやし》と獅子舞を伝える郷土芸能の師匠でもある。お神輿に付いて一緒にそぞろ歩いた時に、

「鶏の美味しい料理法を教えてください」

と聞いたら、

「塩をパッと振って、グリルで焼くのが旨いね。だけど、焼きすぎると固くなるでしょう。だから、焼ける一歩手前で火を止めてそのままにして、予熱で火を通すと、上手く仕上がるよ」

なるほど、と思った。鶏に限ったことではない。鮭を焼く時に、一歩手前で火を止めてそのままじんわり焼き上げたら、今までより数段美味しく仕上がった。

今では、鮭の焼き方を問われると、この方法を答えている。他品目を扱う人から学ぶことが多いのは、それぞれに仕入れ、加工、保管、配送など工夫を凝らしているからで、そのヒントを自店に生かすことで一歩一歩、前進する。

「章夫さんは鶏が好きね、どこへ行っても鶏を食べているよ」

ある日、市場の仲間が語るのを聞いてハッとした。章夫さんに限らず、食のまちの人々は、

食べることに貪欲だ。自分の扱う商材となればなおのこと。ランチ・宴席・お弁当・ホテルのビュッフェ・居酒屋・ホームパーティー……どこへ行っても、探究心は旺盛だ。

私自身、店を引き継いでから変わったことがあるとすれば、どこへ行っても鮭を食べるようになったことだ。勤めていた時は、なにもプライベートで鮭に関わりをもつことはないと思っていたが、今は、食べずにはいられない。

鮭の目方が気になる

「おい君、君は日頃から鮭について偉そうに語っているが、じゃあ、君は私のことをどれほどわかるかな？」

こんがり焼けた塩鮭が、仕出し弁当の中から語りかけてくる。

まず種類。

天然か、養殖か。

天然なら秋鮭、時鮭、紅鮭。それぞれに産地・漁法・漁期による違いがあり、鱒も加えれば、かなりの種類がある。昨年（二〇一七年）は不漁だったため、鮭だけでなく、塩鱒もずいぶん市販されていた。天然物は、年によって販売されている種類も、一様ではない。

養殖ならトラウト、アトランティック、銀鮭。ノルウェートラウトやチリの銀鮭がダントツの知名度だが、ここ数年、日本国内各地で新たな鮭鱒養殖の取り組みがスタートしている。

陸上養殖の先駆けである信州サーモンは、以前から銀座のデパートなどでも販売されている。宮城サーモンは、震災後の海上養殖復帰に際し、県初の地理的表示保護制度（ＧＩ）取得となった。讃岐サーモンはハーブブレンドの飼料での育成が売り。津軽サーモンは外海育ちと銘うち、引き締まった身が特徴。

今から三十年前に亡くなった先々代は、こんな時代が来るとは夢にも思わなかっただろう。私は毎日、鮭を切っているので、表皮の模様、表面のヌル、匂い、手触り、身色、骨を断ち切る時の音などで鮭種を認識するが、調理されると識別は難しくなる。味わい、焼き色、脂のにじみ方、歯応え、舌触りなどで、名探偵よろしく正体の手がかりを探している。

次に気になるのが目方。

現在、切っている鮭は、最小で一切れ二〇グラム、最大で一五〇グラムくらいだ。小さな切り身はおにぎりや幕の内の具となる。二枚おろしの身のハラスを落としてから骨に沿って二等分し、指定された目方で切り分けていく。

入荷する塩鮭は一尾二キロ以下から五キロ超までサイズもさまざまで、用途に応じて仕入れる魚を決めて、切り方もその都度工夫する。

一切れ丸ごと入れる鮭弁当の切り身の中心サイズは六〇～八〇グラムくらいだ。片身一キロの鮭なら、切り身の目方に応じて一二～一五切れぐらいに切っていく。

東京駅の駅弁売り場で、つい足が止まる。

「このお弁当の切り身は、片身一キロ前後を、六五グラムでカットしているに違いない。あら、こちらの豪華な鮭弁は八〇グラムかしら？」

一人で弁当を睨みつけて、目方当てクイズに自問自答する。

「塩辛くなければ鮭じゃないよ」

塩加減に関するノウハウは、食べて学ぶしかないと思う。

鮭屋は、売り先の用途に応じて、甘塩、中辛、辛塩など異なる塩分を提案する。さらに、切った鮭の塩分調整も行う。甘口から超辛口まで塩分濃度をパーセントで表示することは可能だが、数値だけで測れないのは、食べる環境がそれぞれ異なるからだ。

暑い夏は汗をかくことで体が塩分を欲し、しょっぱい鮭が美味しく思える。過酷な労働をしている場合も。

寒い冬は、どちらかといえば甘塩が好まれる。市場では暮れの繁忙期は、外気温と同じ三度くらいに冷えたおにぎりを食べざるを得ない。そんな場合は鮭の塩味は薄くして、熱い味噌汁などでかき込むとちょうどいい。

塩むすびの種・すし飯の具なら、ご飯にあらかじめ塩が調味されているので、鮭までしょっぱいと喉が乾く。

また、人間は加齢とともに好みが変わっていく。十〜二十代は甘塩鮭が好きで、高齢の方々は辛塩鮭を好む。私自身、鮭屋に勤めはじめた頃は、

「塩辛くなければ鮭じゃないよ」

というご高齢のお客様の気持ちが理解できなかったが、五十代になって、塩がなじんだ鮭の旨みが実感できる。

一方、高齢になると塩分制限がかかる場合も多い。薄味に慣れたり、心理的に塩分が脅威に思えてくると、今まで気にも留めず食べていた塩鮭が妙にしょっぱく感じる時もあるようだ。

鮭というのは、よくよく塩と縁の深い魚である。塩は鮭の旨味を引き出し、塩鮭は米の旨味を引き出す。どの程度の塩加減がいいと、一概に言えないからこそ、一人ひとりのお客様に応じた細やかな提案をしていくことが大切だ。

我々の段階で、手を加えることができるのは塩加減までで、その先の手仕事、一皿の料理として完成させる料理人のセンスには、いつも感心させられる。

まずは焼き方。最高に旨いのは、なんといっても炭火焼きで、遠火の直火とはよく言ったものだ。こんがり焼けた鮭からしたたる脂が、真っ赤に熾《お》きた炭にジュッと落ち、バッと煙が上がる。その瞬間、鮭は煙で燻《いぶ》され、格段に味わい深くなる。最近は高性能のロースターが開発され、炭火焼きほど手をかけずとも、短時間でかなりの枚数を同じコンディションで焼き上げることが可能となっている。

オイルも鮭の旨味を引き出す強い味方である。元々脂の少ない秋鮭などは、サッと揚げて調理すると少量でもボリューム感が出せる。だが鮭はウロコを取らない魚なので、単に揚げ油に投入すると間違いなくウロコが跳ねる。家庭ではお薦めしない調理法だ。

最近では、家庭でも焼き魚を上手に仕上げることのできる調理器具や資材が開発されている。昨年、出張料理教室を開催した。その折に、電磁調理器を使用し、焦げつきにくいフライパンで鮭を焼いたら美味しそうな焦げ目をつけることができ、目を見張った。以来、ガス調理器がないご家庭にも自信をもって、鮭の切り身をおすすめしている。

逆に、調理を手抜きすれば、旨い鮭も台なしにしてしまう。たとえば脂の強い鮭のハラスを十分に焼かずにおにぎりに入れてしまったら、身はブヨブヨ、皮はギラギラで、ちっとも美味しくない。塩鮭は冷めても旨い魚。だが、目配りは必要だ。

今日のお昼も、場外のおにぎり屋さんで辛塩鮭のおにぎりを買って食べてみる。

「紅鮭?」「産地は?」「定塩フィレ?」「ずいぶん粗くほぐしているね」「粗ほぐしだから、美味しいんじゃない?」

インプットした情報が、明日の糧となる。

人間交差点、築地

毎日、多くの人が店前を通る。このまちは、魚を媒介とした人間交差点だ。必要のない限り、人は名乗らないし、こちらも尋ねないが、立ち止まって鮭を見つめる人のなかで、産地の漁師さんや加工屋さんだと感じることがある。

白衣姿で、自転車で仕入れに通う若い衆もいる。胸ポケットの縫い取りを見ると、老舗の寿司屋さん。今日の賄いに鮭を、と買っていただく時、

「この人は、どんな一品を作るのだろう……」

と思わず想像してしまう。

長年、ご愛顧いただいている優しいご隠居さんが、ひょんなことから和食の板さんだった若い頃の修行の厳しさを語りはじめることもある。飲料のプロの経験談も興味深い。一皿の旨味を引き出す一杯の酒の話が、これまた奥深い。

新しく店をオープンされる方や仕入れ先を探している方は、目を皿にして食材を見つめ、矢継ぎ早に質問してくる。こちらも、店の立地や厨房《ちゅうぼう》の特徴、メニュー構成、価格帯などを尋ね、答えを抽出していく。

その後、お互いに名刺交換し、サンプルを渡して何度か話し合い、納得していただければ、目方・切り方・塩加減など、詳細を詰めていく。

配送方法も様々で、自分で足を運ぶだけではなく、昔からある茶屋制度（荷物預かり所）・納め屋さん（買い回り業者）を活用したり、宅配便、市場便などの運送業者を頼む場合も多く、選択肢は多岐にわたる。

私自身、近場なら朝の納め仕事が終わった後に、自転車で配達することも多い。配達は大切で、届け先でお品書きを見て次の提案を思いつくこともある。そんな経緯で、その店のためだけに仕入れる魚もあるし、基本的にお客様一人ひとり、すべてオーダーメイドである。

もちろん、当店を訪れる方は、プロの料理人や業者の方だけではない。

一般家庭の奥様、また男性も多く、故郷のご両親、他家に嫁《か》した娘さん、旧友に贈る鮭をお買い上げになる。年に一、二度でも細く長く、何十年のお付き合いになる。

たまたま同郷で打ち解け、近況を語り合う間柄になったり、抱っこしてきたお嬢さんの入学、卒業、就職と節目節目を共に喜び、お嫁に行って赤ちゃんが生まれて、時の経つ早さに驚いたりする。

お客様と店の者は、長い年月の間に、お互いのことを少しずつ知る。お客様との絆の大切さは、ずっと私を雇ってくれた元店主の金井モトさんに学んだ。夫の広美さんは今や当店の最古参となり、八十歳を超えゆっくり歩いて店に来る。最近ではさすがに座っていることが多くなり「おっ、お父さん久しぶり、元気でいこうね」と、若い板前さんなどに声をかけられ、「おう」と笑顔を見せる。

私たち店の者は、お客様の消息を追うことはしない。今日も店に立ち、待つだけだ。いつの日か疎遠になった方が、その後、風の便りで亡くなったと知り、寂しさが募る日もある。

また、築地で働く同士も、実は互いにお得意様である。

何十年「おはよう」「おつかれさん」と挨拶を交わし、時には鮭を買ってくれていたコワモテの職人さんが、ぷっつり姿を見せなくなったので、「定年したのだろうか」と気になったが、尋ねるきっかけもなく月日が過ぎた。そんなある日、当人が孫の手をひいて鮭を買いに現れ、晴れ晴れとした笑顔を見せた時、人生とは善いものだとしみじみ思ったことがある。

私たちは、緩やかに老いていく。

店の外にチャンスはある

私が店を継いだのは五十代半ばで、年齢的にはちょっと遅すぎる感もあった。では、いつならちょうどよかったのか？　と、自問自答するが、その答えを探すのはきわめて無為に思える。今、得た機会を活かすことに全力を尽くさなければ、チャンスを与えてくれた店にも自分自身にも、申し訳がたたない。むしろ年齢を考えると、思い立ったことは、時期を待たずに即、実行してみようという気持ちが強くなった。周囲の先輩方に、

「これまで店を守ってきた人たちが健在なうちに、思う存分、動きなさい」

と言われ、躊躇《ちゅうちょ》は消えた。目の前に、すべきことが山積みになった。

店のポリシーや得意分野を人に伝えるには、何をしたらいいのだろう？　手始めにパンフレットを作ろうと決める。あれこれ考えを巡らすが、次第に尻すぼみになり、頓挫した。

そこで、公的な補助金制度を活用することにした。補助金を申請すれば、否応なしに期限が設定され、実行しなければならない。おまけに、エントリーして半額でも三分の一でも助成金が入れば、費用負担は軽くなるではないか。

実際にチャレンジしてみると、金銭を獲得する以上に、様々な効果があることに気づいた。

補助金申請に必要な企画書を書き進むにつれて考えがまとまり、自分がなぜ目的を達成したいのか明確になる。何度も読み返すうちに確信できる内容もあれば、矛盾が明らかになり、ボツにした企画も多い。

書類一式が完成すると、関係機関のアドバイスを受ける仕組みとなっている。アドバイザーは中小企業診断士の方などで、そこで指摘された客観的な意見に基づき、さらに加筆する。競争率は高く、パスすることは三回に一回くらいだ。

そんなチャレンジを繰り返し、パンフレット制作、産地取材、料理撮影、ロゴ制作、ホームページ制作等を進める。一度、事業を完遂すると、最後の報告書作りがこれまたひと苦労だが、すべてが終わった時には次の課題が見えはじめ、また申請しようと思う。

そんな制度が縁で、地元の銀行にもアドバイスをいただくようになり、商談会や展示会の参加希望枠にエントリーするようになった。

商談会に向けての書類審査では、自社の強みを字数制限内で簡潔に説明する。

「当店は築地に実店舗をもつ鮭専門店。天然鮭の産地と……」

他にない強みをきっちり書ききることが大切だ。

次に商品説明と購入者の設定。商品説明は当たり前だが、お客様の具体像、つまり対象者の年代、性別、嗜好、生活環境、利用シーン等を描いてみる。

「今回提案する鮭は、六十代男性で、退職後の生活を積極的に楽しむ方におすすめする。ホームパーティー等で、自信をもって友人に紹介できる、名産地の手作りによる稀少品であり、塩分を控える方にも安心しておすすめできる甘塩……」

さらにパッケージ。

「使い捨ての過剰包装を避けるため、真空包装にダンボールというエコ包装。贈答用の場合は、築地シールの添付、あるいは趣きある竹籠をチョイスできる……」

実際にサンプルを作って撮影もする。

商品そのもの、包装した状態、料理の提案、パーティーシーン、商品ラベル等の写真を添付する。これに、物流体制、価格設定、会社概要、衛生管理状況、産地証明等の資料を付けて完成だ。

書類審査を通ると、次はプレゼンとなる。

大抵の場合、プレゼンの会場には多数の業者が集められ、おのおの時間を割り振られる。タイムテーブル通りに順に呼ばれ、提案先の営業担当者に向けて、制限時間内で提案を行う。一社あたり二十～三十分以内の場合、最初の十分で商品説明。次の五分でサンプル試食。最後の十分で意見交換。即答できなかった質問はメモに書きとめ、遅くとも翌日にはお礼のメールと共に返答する。

ここからが次のステップで、商談先からいただいた「宿題」に答えることで、より信頼を深め、たとえ今回は商談が成立しなくとも、次回の提案につなげていく。

営業の経験なくして経営者となった私は、そんな行程に驚いた。銀行や税理士さんなどに相談しながら、回を重ねて自分なりのコツを探っている。

次いで、イベントに出店する。

自分の扱う商材、すなわち鮭のレシピを提案するために、出店はいい経験になった。区で主催する催事・近隣の祭・築地場外のイベントなど、機会を見つけては出店申し込みをした。

忘れられない初回の出店は、浜離宮での鮭のおにぎりと鮭汁の販売。飲食店を営む知人らの力を借りて、徹夜で超辛口紅鮭のおにぎりと鮭鍋を作って売った。

その後も、出店はいつも冒険だ。天気も、人出も、捌ける量も、いまだに読めない。そんな慣れない試みを伴走してくれた方々に感謝は尽きず、いつも心の中で手を合わせている。

昨年は、セミナーを開催する機会を得た。

築地場外の店は、まちが主催する「築技（ツキワザ）セミナー」という名の各専門分野のセミナーを開催することができる。

折しも十一月十一日が「鮭の日」（鮭という漢字の右側「圭」を縦に読むと、十一十一）であることから、昨年、「鮭を極める」と題し、鮭数種の食べ比べセミナーを実施した。

この時は、特別ゲストに南部鼻曲りのエキスパートである佐々木隆治さんを招聘《しょうへい》。聴講者の方々を前に「鮭は幸せな魚です。こんなに手をかけてもらって……」との産地の話に、私も感銘を受けた。

異なる種類の鮭の食べ比べも楽しい。食べる側が味の違いを認識しようと感覚を研ぎ澄ますため、感想の中には「はっ」とさせられる新たな発見が多い。私自身、このセミナーを実施してから、同時に二種あるいは三種の鮭を定期的に食べ比べるようになった。

セミナーは二時間程度だが、立案から参加者募集、アンケートの集計まで、仕込みには結構、時間がかかる。企画を手がけるまちの担当者、食べ比べの鮭を焼いてくれた方、鮭汁を作ってくれた方など、たくさんの人の手を借りた。

店を引き継ぎ、またたく間に四年が過ぎた。実は、成功より失敗のほうが多い。敗因を探るとデータ分析を怠っていたり、即決できずに機を逃したり、努力が空回りしただけで商談成立につながらなかったり、自分に非があることは明らかだ。コンペで負けた時は、競争相手の規模の大きさのせいにしたいが、最終的には自分との闘いに負けたことに気づく。そんなときがいちばん情けない。

小さな鮭屋にできること

二〇一六年、小池百合子氏が都知事に就任し、ほぼ決まりかけていた築地場内の移転が延期となり、築地で働くすべての人間の未来がぶれた。

「このまま移転は中止となり、築地で再整備が行われるのではないか？」

豊洲移転、あるいは築地再整備のどちらが、自分にとって吉と出るのか……。

それぞれの立場で考え、足踏みをしている間に政局は二転三転し、結局、今年（二〇一八年）十月の移転が決まった。

その一年あまりの間に、場内に隣接する場外は激変した。海外からの来街者が日を追うごとに増加し、呼応するように飲食店や食べ歩き商品販売への転業が相次ぎ、まちの様相は一変した。

「築地はプロの仕入れのまちで、観光地じゃないから……」

と、気心の知れた友人に語ると、

「なに言ってるの？　築地は今、誰が見ても観光地だよ」

と諭された。

「昨今、物販は食べ歩きに押されて……」

と弱音を吐こうものなら、

「毎日、まちに人が訪ねてきてくれて、これで売れないなんて言うのは、自分の能力がないと言っているようなもんだよ」

と、苛立ちにも似た反応で、返す言葉を失った。

急変するまちで、既存の商売を続けるのは難しい。

過去、震災や戦争でもまちは変化し、その都度、既存の商売を存続させた人もいれば、商売替えした人、新規参入した人もいて、それぞれが新しい時代を切り拓いてきた。

今回の場内移転では、築地の核である東京都中央卸売市場がこの地を去り、場外は築地にとどまり、地域の繁栄をめざしていくことになる。

我々が望む未来像は、どのような姿なのか。まちの構成メンバーが激しく入れ替わっていく今、〝我々〟とは誰を指すのか。

地域の商業団体と町会によって結成された「ＮＰＯ築地食のまちづくり協議会」では、未来へ向けてのまちづくりを模索。一昨年から〝築技（ツキワザ）〟を共通ワードとして、日々の商いで培ってきた技術と知識を、内外にアピールしている。

〝築技〟とは、築地で働く一人ひとりの技を意味する。我々の技は、人間国宝のような稀有な才能ではない。生鮮品という命をいただき、新たな姿に変えて、世に送り出す切磋琢磨《せっさたくま》のことだ。

我々は何年、何十年と経験を積むうちに、扱う食材を深く理解するようになる。その人数の多さ、層の厚さこそが、まちの財産なのであろう。

また、このまちは、関東大震災以前は寺町として、その後は市場として、生業《なりわい》と暮らしを共存させてきた。極めて人間味ある土地の歴史が、温かい人情と河岸ならではの気っ風の良さを育み、まちの陰影を濃くしている。

ただし、商売は戦いだ。私が築地に足を踏み入れてまもなく三十年になるが、その間、人々の凄まじい商魂――幾度ものつまずきをタフに乗り切って、今日も夜明け前から店を開ける姿を間近で見てきた。今、私もその一員となっている。

華やかな銀座から徒歩十分、大都会のど真ん中に立地しながら、ノスタルジックで温かみのあるこのまちで、今日も生存競争は続く。

「先々の　時計となれや　小商人」

昔、近所の肉屋の古いカレンダーに記されていた川柳である。

時計がなかった時代、魚屋の丁稚が来たらお昼時、豆腐屋のラッパが聞こえたら夕飯時、夜鳴き蕎麦の屋台が来たら夜半時……昔の行商人は日々決まったルートを巡回し、まちの時計代わりになっていた。

そんな慎ましく穏やかな小商人として生きていきたいと思ったが、この小さな店を守るためには、小さすぎても成り立たない。ある程度の規模を保たなければ、仕入れも限られ、商圏も狭まる。

家族労働であっても、大会社と同様、仕入れがあり、仕込みがあり、営業があり、接客があり、梱包があり、配送があり、経理があり、後片付けがある。その一つずつを日々丹念に積み重ねないと、経営は杜撰《ずさん》になるだろう。

鮭を獲る人、塩鮭に加工する人、送り出す現地仲買人、東京の荷受けの競り人……私に鮭を手渡す人々に「あいつに、売ってやろう」と思われるような真摯な取引を積み重ねるとともに、私が鮭を送り出すお客様には、産地の情報を正しく伝えることが務めだ。

自然界に生きる鮭は、気候の変動により、この先も豊漁と不漁を繰り返す。天然資源は減少し、漁獲規制は一段と厳しくなる。魚を巡る世界情勢にも翻弄される。その度に、迷い悩みつつ、鮭という小さな命の群れをとりまく大きな世界を知る。

「絶対に、あきらめるなよ」

ずっと見守ってきてくれた我が店の最古参「パパ」が私に放った言葉が、今日も背中を押す。

この先、さらに築地は大きく変わるだろう。

だが、そこに行けば必ずある美味しい鮭……そんな鮭を売るために、今朝もシャッターを上げる。

さあ、一日の始まりだ。

あとがき

私が築地に通い、三十年近く経ちました。

当初、市場という巨大で特殊な空間に驚き、日々、集散する魚に圧倒されました。やがて人情の機微に触れるにつれ、この土地の成り立ちと変遷を読み解くことに夢中になり、多くの方々に話を伺いました。

すでに引退された諸先輩の自宅を訪ね、市場史を伺ったこともありました。見習い小僧として働きながら、たくさんの話を聞きました。発泡箱やダンボールがうずたかく積まれたセリ場の荷捌き場で、夜明け前の立体駐車場でトラックから荷降ろししながら、隅田川の岸壁でともに自転車を走らせながら。

春夏秋冬、迫りくる台風の豪雨に打たれながら、酷暑に噴き出す汗を拭いながら、数年に一度の雪かきをしながら、包丁の手を止める間もない師走に、聞いた話もありました。

河岸引けには、愉快な話で笑いました。凍える寒さに七輪で暖をとりながら、祭の後に缶ビールを飲み干しながら、スルメを焼きながら、板前の手仕事に見惚れながら。

私が市場で働き続けたのは、皆さんに話を伺ったことが大きく影響しています。市場人は誰しも、何度も挫折と再生を繰り返し、次世代にバトンを渡してきました。その心意気は、挫けそうになる自分を叱咤《しった》し、持続することの並大抵ではない厳しさも学びました。

今年、築地から中央卸売市場が去ります。まちが大きく変わると記憶も塗り替えられ、今は鮮やかに思い出される多くの出来事も脳裡から滲んで消えゆくと思います。ですからこの三十年間に河岸で、自分が何を見聞きし、何を思ったのかを書き綴り、記録にとどめることにしました。

私が働く場外は、これからも築地で営業していきます。物語は続きます。

佐藤友美子

二〇一八年　盛夏

写真提供

カバー・トビラ・築地場外（2頁～8頁）：yOU（河崎夕子／NMT inc.）
築地市場（89頁～96頁）のモノクロ写真10点：中央区立京橋図書館
それ以外はすべて著者撮影による

佐藤友美子●さとう・ゆみこ（通称しゃけこ）

1960年、東京生まれ。フリーライターをしていた20代後半のとき、誘われて師走の築地へ。そこで見た鮭屋の親父の鮮やかな包丁さばきに魅かれて、ほんのひとときの手伝いをする。親父の急逝を受けて、あれよあれよと鮭屋に深入り、いささか年くった「鮭屋の小僧」となる。それから30年、築地市場の歴史に興味をもち、さまざまな人の話を聞くことに。2013年には前の店主から鮭屋を引き継ぎ、経営者として悪戦苦闘の毎日を送っている。

築地――鮭屋の小僧が見たこと聞いたこと

二〇一八年九月二十日　第一刷発行

著者　佐藤友美子
装幀　緒方修一
本文デザイン　オフィス・ムーヴ（原田高志）
発行者　首藤知哉
発行所　株式会社いそっぷ社
〒一四六―〇〇八五
東京都大田区久が原五―五―九
電話　〇三（三七五四）八一一九
組版　有限会社マーリンクレイン
印刷・製本　シナノ印刷株式会社

ISBN978-4-900963-79-5　C0095
定価はカバーに表示してあります。